朝日新書
Asahi Shinsho 846

となりの億り人

サラリーマンでも「資産１億円」

大江英樹

朝日新聞出版

はじめに

この数年、〝億り人〟という言葉がよく使われるようになりました。特にマネー雑誌やSNSにおいては、この言葉が頻繁に登場しています。これは、「1億円以上の金融資産をこしらえることができた人」を意味し、2008年に公開されてアカデミー賞外国語映画賞を受賞する大ヒット作となった映画『おくりびと』をもじった言葉です。

私は個人的にはこの言葉で伝えられるニュアンスはあまり好きではありません。なぜならこの言葉の語感には、「株で大もうけした」とか「幸運が重なって巨額の富を得た」というイメージ、すなわち「楽をしてお金持ちになった」というニュアンスを感じるからです。実際に私は長い間証券会社で仕事をしてきたので、いわゆる〝億り人〟はこれまでたくさん見てきました。ところがその人たちの多くは、実に真面目で堅実でとても地味な暮らしをしているごく普通の人たちなのです。時折、マネー誌で紹介されるような株やFXのトレーディングで大もうけしたような人はほとんど見たことがありませんでした。もちろん中にはそうした投機をうまくやることで一時的にとても羽振りの良かった人もいます。しかしながら、その状態がずっと続いているかというと決してそういうわけではありません。気が付くといつの間にかひっそりと口座が閉鎖されていたということも少なくありませんでした。

実際、〝億り人〟と言われる人たちは一体どれくらいいるのでしょうか？　野村総合研究所が2019年におこなった調査によると「純金融資産（預貯金、株式、債券、投資信託、一時払い生命保険や年金保険等の世帯として保有する金融資産の合計額から負債を差し引いた額）」が世帯で1億円を超えている世帯は約133万世帯だそうです。※1 日本の2020年における一般世帯数は5572万世帯ですから2・4％ということになります。つまり世帯主100人の内、2～3人は〝億り人〟がいるということになります。この数字をどう見るかですが、「案外いるものだな」と感じた人は多かったのではないでしょうか？

私が今住んでいる団地は約1500世帯ありますが、この計算でいくとおよそ36世帯は

〝億り人〟だということです。ひょっとしたら私の家の隣に住む人や向かいに住んでいる人もそうなのかもしれません。こんな風に考えると〝億り人〟というのはどこにでもいる、まさに「となりの億り人」なのです。先ほど133万という数字が出てきましたが、過去10年間で見てみますとこの数字は一貫して増え続けています。2011年の時点では81万世帯でしたから、この10年でその数は6割以上も増えたことになります。そう考えるとマネー誌が〝億り人〟の特集を組むのもうなずけます。

本書の目的はどうやって億り人になったか？　という経験談やノウハウを紹介することではありません。まさにどこにでもいる「となりの億り人」が一体どんな思考や生活パターンを実践しているのかを探り、そうした思考や行動には〝再現性〟があるのかを考えていくことです。

結論から言ってしまうと、〝億り人〟になるのは簡単ではありませんが、さりとてできないわけではありませんし、幸運だけが頼りということでもありません。誰でも実行できる再現性はまちがいなくあります。ただ、それを実行するためには一定の努力が必要だということです。マネー誌や書店に並ぶ本にあるように「簡単に億り人になれる」というイメージは正しくありません。実際に世の中で1億円以上の純金融資産を持っている133万の人は一体どんな思考や行動をしているのか、考えてみたいと思います。

※1　https://www.nri.com/jp/news/newsrelease/lst/2020/cc/1221_1

となりの億り人

サラリーマンでも「資産1億円」

目次

第2章 億り人の思考と行動 49

第3章　投資のパターン　89

第5章 「億り人」素朴な疑問Q＆A

図表作成／谷口正孝

第1章　「億り人」とはどんな人たち?

1　今、なぜ「億り人」なのか？

収入と資産のアンバランス

私は本書を執筆するにあたってまず考えたことがあります。それは「今、なぜ『億り人』に関心が高まっているのか？」ということです。メディアでもこの言葉はよく使われますし、「億り人」という言葉自体が使われていなくても、書店には1億円以上の資産形成をどうやってやれば良いかという本がたくさん出ています。「はじめに」でも書いたように、金融資産を持つ人が増えているのは事実のようですが、それだけ資産形成に対する意欲が強い人が増えているということなのでしょう。

一方、日本においてはこの20年ほどの間、あまり給料は上がっていません。図1をご覧いただくとわかるように、日本は他の先進国と比較しても平均年収はほとんど横ばいであることがわかります。こうした社会に対する閉塞感や絶望感が、1億円以上の資産を持つ人に対する憧れとなっているのでしょうか？　そういう部分は確かにあるかもしれません

図１　主要各国の平均年収の推移

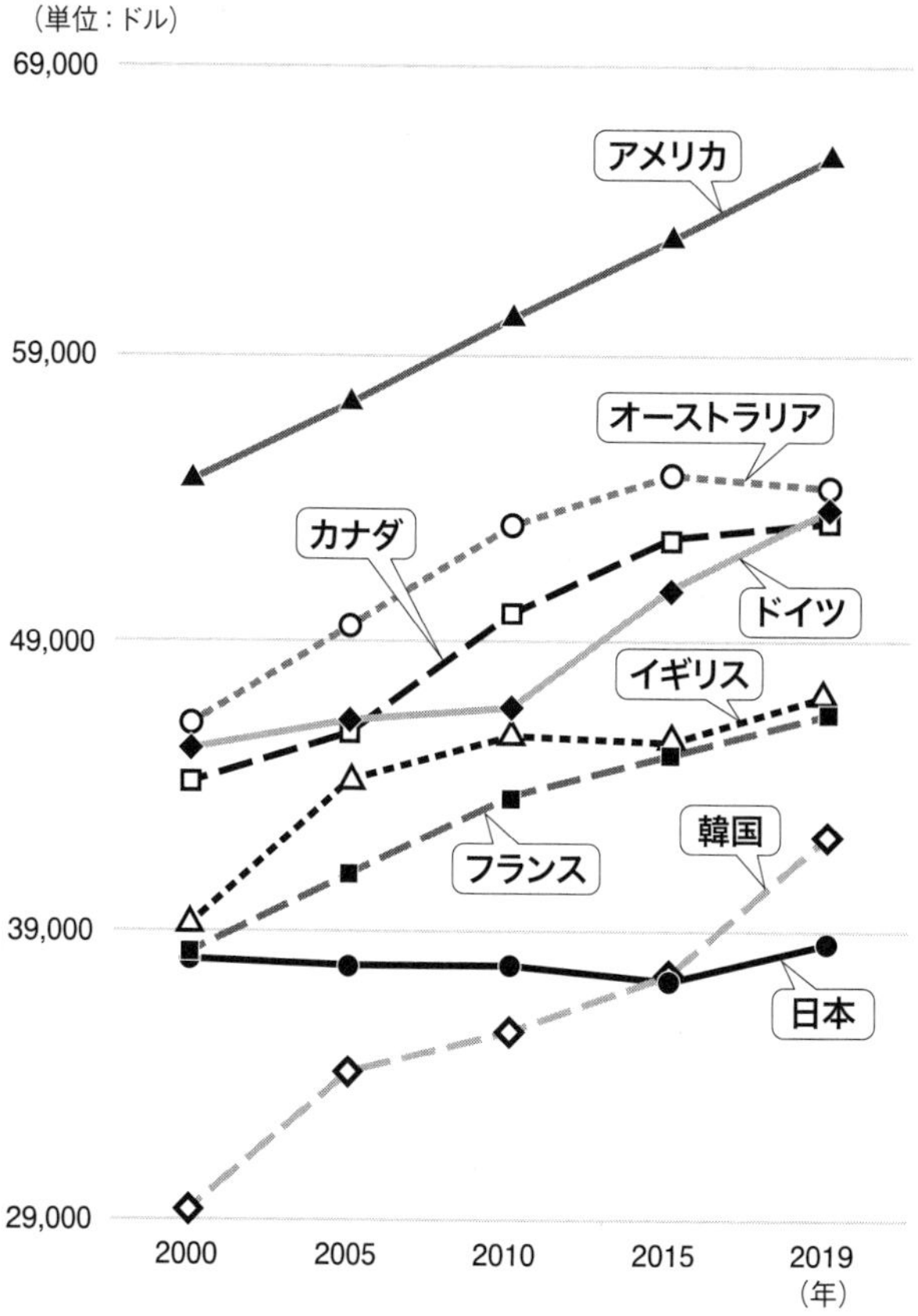

※OECDの平均賃金の国際比較表　2019年、購買力平価換算
（出典:OECD Data Average annual wages）より株式会社オフィス・リベルタス作成

が、私はもう少し別な見方をしています。

図2をご覧ください。これは日本の個人金融資産の過去20年間の推移です。平均年収の過去20年間と比べてどうでしょうか。2001年3月時点での個人金融資産は1394兆円ですが、直近の2021年3月になると1968兆円ですから574兆円も増えています。平均年収はほとんど増えていないにもかかわらず保有する金融資産は何と4割以上も増加しているのです。

図2
我が国の個人金融資産の推移

年月	個人金融資産
2001年3月	1394兆円
2006年3月	1620兆円
2011年3月	1559兆円
2016年3月	1754兆円
2021年3月	1968兆円

※兆円未満は四捨五入
※日銀主要時系列統計データ表より抜粋

少し金融に詳しい人なら、「これは株価が上がったからだろう」と言うかもしれません。確かに株価が上昇したことによる効果はありますが、そもそも日本の個人金融資産に占める有価証券の割合は15・7%しかありませんので、それだけが理由というわけではないでしょう。ではこの収入と資産のアンバランスは一体どういうことなのでしょうか？

若い世代の価値観は変わってきている

私は世の中の常識やお金に対する物の見方が明らかに変わってきているからではないかと思っています。特に若い層においてその傾向は顕著であるような気がします。私は現在69歳ですが、私が若い頃は遊んでばかりいて貯蓄などあまり興味がありませんでした。ところが今の若い人は本当に真面目で熱心に貯蓄に励んでいます。それはある意味当然かもしれません。私が社会人になった頃はまだ高度成長の名残が大きく、多少のブレはあっても経済は成長し、給料も右肩上がりでしたから、将来に対して楽観的に考えていました。もちろん危機感などはありません。ところが昨今のように給料が上がらないのが普通になってくると、将来に備えて蓄えを持っておかねばというのが、若い人の常識になってきているのだろうと思います。その結果として蓄財に励む若者が増えてきているのです。事実、若い投資家の人たちと話をすると誰もが一様に「生活の無駄を無くして堅実にお金を貯め、少しずつ投資をしていくのだ」と言います。

ところが、これに対して我々ぐらいの年配の世代は冷ややかです。「若いうちはせっせと貯蓄に励むなんてせこいことはせず、もっと豪快に飲んだり遊んだりしろよ」という意見もしばしば耳にします。でもそれは「あなたたちの時代はそうだったかもしれないけど今は違うんだ」ということなのです。若い人が蓄財に励むのは決して悪いことではありません。そんな世の中の空気感の中から資産形成で成功した人をあらわす象徴的な言葉が〝億り人〟ということなのでしょう。恐らく若い人はこの言葉に対して憧れと敬意を持っており、むしろ年配の人ほど、嫉妬から冷ややかに眺めているように思います。

FIREが憧れられる理由

一方で、〝億り人〟と同じように最近流行になっているのが〝FIRE〟という言葉です。これは、Financial Independence, Retire Earlyという言葉の頭文字で、その意味するところは、「経済的な自立を得て、早期に退職しよう」ということです。その際のひとつの目安になるのが1億円以上の資産を作ることができたかどうか、すなわち〝億り人〟になれたかどうかということです。実際、FIREについてもたくさんの本が出版されています。

私はＦＩＲＥという考え方は素晴らしいと思っていますが、特に大事なのは最初の２文字、ＦＩであって、ＲＥは二の次だと思います。つまり早く会社を辞めるということが大切なのではなく、早く経済的な自立を図って会社に頼らなくても良いようにしようということなのです。ところがＦＩＲＥに憧れる人は多いものの、その多くは後の２文字、つまり早期にリタイアするということが主眼となっています。サラリーマンが早く仕事を辞めたいと思うのは仕事が苦行だからです。なぜ仕事が苦行かと言えば、それは自己決定権が少ないからです。でもこれは会社に雇われている人間にとっては仕方ありません。会社は組織で動いていますから、異なる意見があった場合、議論は重ねられたとしても最終的には責任を持つ立場の人間が決定権を持つのは当然です。会社での立場が上になればなるほど、この決定権の範囲は大きくなりますが、社長にならない限りはどこまで行っても自分の意見が否定されることは起こり得るのです。私も長年サラリーマンをやっていたからわかりますが、自分が一生懸命考えたこと、やりたいと思うことができないというのは、かなりストレスの溜まることです。そういう日々を何十年も続けていれば早くリタイアしたいと思うのも無理はありません。

本当に大事なのは〝FI〟すなわち経済的自立

でも本当に大事なのは早期退職することではなく、むしろ経済的自立を図るということです。なぜなら、それによって人生の選択肢が増えることになるからです。例えば会社に勤めてはいても、「どうしてもこれをやりたい」と思う仕事や活動があるなら、それをやるために早期退職するのはあり得ます。でもそのためには少なくとも会社を辞めてもしばらくは生活していけるだけの経済的なバックボーンがなければ難しいでしょう。あるいは会社の中にいても、自分でどうしても納得できない仕事を押しつけられてストレスが溜まるぐらいならいつでも辞めてもいいと思えるだけの経済的な余裕を持つことがFI、すなわち「Financial Independence＝経済的自立」なのです。

日本のサラリーマンの生涯賃金は「独立行政法人 労働政策研究・研修機構」が2019年に出した資料[※1]によれば、大卒で正規社員の男性の場合は平均で約2億7千万円、女性の場合では約2億2千万円となっています。何歳で会社を辞めるかにもよりますが、40代で早期リタイアを考えるのであれば、この生涯賃金の半分ぐらいの金額はないと不安でしょう。勤めた会社にもよりますが、仮に企業年金があっても退職した年齢によっては受給権が発生しない場合もありますので、やはり最低でも1億円以上の資金は確保した上でないと早期リタイアは難しいと思います。

そういう意味でも〝億り人〟に対する関心が高まっているのはごく自然なことだと言ってもいいでしょう。ただ、単に憧れたり、関心を持ったりするだけではなく、自らがそうなるためには、考え、そして実行すべきことがあります。そもそも〝億り人〟と言われる人たちはどういう人たちなのか、そしてどんな思考や行動をしているのか、そして〝億り人〟になるためにはどんなことを実行してきたのかを考えることが大切です。本書はそういったことを具体的に考えていくと同時に、何人かの実際に1億円以上の資産を築いた人たちの例も紹介していきたいと思います。

※1 「ユースフル労働統計2019」（独立行政法人　労働政策研究・研修機構）
https://www.jil.go.jp/kokunai/statistics/kako/2019/documents/useful2019.pdf

2 「となりの億万長者」で得た気付き

一冊の本に私が覚えた大いなる共感

私の手元に一冊の本があります。本のタイトルは『となりの億万長者』。なんだかこの本の書名とよく似ていますが、この『となりの億万長者』は今から20年以上も前の1997年に刊行されたアメリカの本で、原題を『The Millionaire Next Door』と言います。まさに邦題はこの原題を直訳しているのですが、実を言うと、本書のタイトル『となりの億り人』は、この本にインスパイアされたと言っても良いでしょう。著者の一人トマス・J・スタンリー氏はこの後も何冊か続編を出しており、この本自体も何度も版を重ねて今でも読み継がれていますので、本当にロングセラーと言っても良い本です。日本では、ロバート・キヨサキ氏が書いた『金持ち父さん　貧乏父さん』が大変なベストセラーになり、今でも圧倒的な人気を誇っているのですが、私は、この本はそれに負けずとも劣らない、いや場合によってはもっと価値のある本ではないかと思っています。

私がこの本に出会ったのは45歳の時でした。それまで私は、証券会社の営業で長い間個人投資家の投資相談を店頭で受ける仕事をしてきましたので、結構な数のお金持ちと呼ばれる人たちを見てきました。その中には1億円どころか10億円以上もの巨額の資産を持つ人もいました。そしてそんな人たちと付き合い、その仕事や生活に対する考え方を聞いていく内に、お金持ちの人にはある種の共通点があることに気が付きました。本書ではそれらについてお話をしていくつもりですが、私自身が自分の体験で感じたことと、この『となりの億万長者』に書いてあることが一致していたのにはとても驚きました。私がこの本に大きな共感を覚えたのはそれが理由です。

『となりの億万長者』はひと言で言えば、それまでにあまり読んだことのないタイプの本だったのです。もちろん「蓄財法」や「金持ちになるためのノウハウ」等が書かれた本はそれまでもたくさんありました。ところがこの本はそれらとはちょっと異なる内容でした。全米で純資産が100万ドル（現在の邦貨で約1億1千万円）以上ある人たちを20年間にわたって調査し、彼らが一体どんな人たちでどうやって資産を築いたかを研究してきた、その内容をまとめた本なのです。著者は500人以上の資産家にインタビューし、1万1千人以上の資産家や高額所得者に対してアンケート調査を行っています。

つまり誰かの成功体験や個人が得たノウハウを紹介するという内容ではなく、多くの億万長者に共通する思考や行動がどんなものであるかが、ここには書かれています。さらにその中から法則を見いだし、個人の才覚でもなく、運否《うんぷ》天賦《てんぷ》というわけでもない、成功するために行うべき地味なポイントが書かれているのです。したがって、本書に載っているのは、やろうと思えば誰にでも実行が可能であり、言わば「再現性」のあることばかりです。ただし、再現性はあると言ってもそれほど簡単ではないことは後ほどお話ししたいと思いますが、少なくとも一般的に考えられているような幸運にめぐまれたりとか、人並みはずれた才能を持っていたりする人だけが億万長者になっているわけではないということが淡々と書かれてあります。

億万長者というイメージの違い

何よりもまず驚いたのは「億万長者」と言われている人たちの現実の生活は我々が抱いているイメージとは全く違うということです。一般的にお金持ちというイメージは立派な家に住み、仕立ての良いスーツを着て高級車に乗っている。いつもどこかで開かれているパーティーに顔を出して高級なワインや料理を楽しむ。家に行ってみると、プール付きの庭があって家具調度品も高価なものばかり。こういうのがまさに億万長者のイメージでしょう。ところが本書ではそういう人たちはそれほどお金を持っているわけではない、と書かれています。

ある時、金融機関が主催して、富裕層に対するサービスをどのように展開すれば良いかの意見を聞くために資産が10億円以上ある人たちをマンハッタンにある洒落《しゃれ》たペントハウスを借り切って集めたそうです。その時に用意された高級ワインやキャビア、パテなどには誰も手をつけず、みんなバドワイザーとクラッカーにしか手を出さなかったというエピソードが紹介されています。つまり〝お金持ちのように振る舞っている人〟は実際にはお金を持っているわけではなく、本当のお金持ちというのはとても地味で堅実な生活をしているということなのです。だからこそ「となりの億万長者」なのです。

著者はこの本で非常に印象的な言葉をいくつも記しています。その中のひとつ、「資産は所得と同じではない」はなかなか含蓄のある言葉です。我々は高収入、高所得者を金持ちと思いがちですが、いくら高所得であっても使ってしまえばお金は貯まらないわけですから、必ずしも多くの資産を持っているわけではない、というのはごく当たり前のことです。また、一般的にお金持ちというのは「ものをたくさん持っている人」と思いがちですが、著者はこれも否定しています。〝ものをたくさん持っている人〟は言わば気前よくお金を使う人たちであって、そういう人は往々にして〝お金がお金を生む資産〟は持っていないし、そういうものにも関心は無い。そういう人を金持ちとは言わない、と著者は言います。

七つの法則

そうやって億万長者の人たちの思考や行動を調査した結果、彼は「成功を生む七つの法則」ということをまえがきに書きました。それはこの本のサブタイトルにもなっています。

その七つの法則とは、

1．収入よりはるかに低い支出で生活する

2. 資産形成のために、時間、エネルギー、金を効率よく配分している
3. お金の心配をしないですむことのほうが、世間体を取り繕うよりもずっと大切だと考える
4. 社会人となった後、親からの経済的な援助を受けていない
5. 子供たちは、経済的に自立している
6. ビジネス・チャンスをつかむのが上手だ
7. ぴったりの職業を選んでいる

といった内容です。こういう本でよく書かれていることは、いずれもアメリカでの事例ですから社会制度や税制などが異なり、その多くは我々日本人にとってはあまり参考にならないというケースが多いものです。私も今までにこの本を何度か読んでみて、ここは少し違うなと思うところはあったものの、次節でお話しするように、私自身の体験でも比較的共通点は多かったように感じます。この本では7つの項目一つひとつについて、各章で詳しく解説する構成となっていますが、興味のある方は読んでいただければ良いと思いま

すので、本書ではそのエッセンスを紹介するにとどめます。

この七つの法則の中で特に私が共感するのが1、2、3及び6です。これらについては私なりの解釈や事例を詳しくお話ししていきたいと思いますが、結局、億万長者の人たちに共通することは何かということを突き詰めていくと1の「収入以上にお金を使わない」ということに尽きるのではないかと思います。

収入よりも大事なのは〝収支〟

多くの人は「いかに収入を増やすか」ということのみに執心しているような気がします。これはファイナンシャル・プランナー等の仕事をしている人がよく指摘していることですし、私自身も実感します。いくら収入が多くてもそれを全部使ってしまったのではお金は残りませんから、いつまでたってもお金持ちになることはできないでしょう。だからこそ億万長者に共通するたったひとつのことを挙げろと言われたら「収入以上に使わない」ということなのだと思います。「収入以上に使わない」、こんなことは当たり前すぎてノウハウでも何でもないでしょう。誰にでもわかる話です。でも誰にでもわかることと誰にでもできることは違います。実際には、やれていない人が多いからこそ誰もがお金持ちになることができないのです。

"運用"を考えることも大事

さらにこれも非常に印象的な言葉なのですが、億万長者にとっていくら稼ぐかよりも「持っている資産をどう運用するかのほうがずっと重要だ」ということが書かれています。ただし、この言葉は年に「10万ドルから20万ドルの収入があれば」という前提で使われていて、そうであれば「それ以上いくら稼ごうがあまり関係ない」と言っているのです。これは当然ですね。資産運用よりも大事なのはまず稼ぐことですが、その稼ぎが十分にあるのなら、それをさらに増やすことよりも運用することを考えるというのは一定の合理性があります。

それに、この「運用が大事」というフレーズは、多くのサラリーマンにとって役に立つと思います。自営業ならいくら稼ぐかは自分の努力と才覚次第ですが、サラリーマンの場合は決まった給料しか入ってきません。逆に言うと収入は安定しています。もちろん長期的には昇格や昇給で差が付いていくことを考えると、サラリーマンとて実力の世界であることは同じですが、自営業ほどは稼ぎにバラツキが出ることはないでしょう。だとすれば決まった給料をもらっているサラリーマンにとっては、収入自体を増やすこと以上に運用で資産を増やすことはとても重要です。

私は普段から「投資は不確実なものだが、働いて得る収入は確実なものだ」と主張し、誰も彼もが投資をすることを推奨してはいないのですが、リスクを取る覚悟と勇気を持って投資をするのであれば、きちんと勉強した上で投資はおおいにやるべきだと思っています。したがって、サラリーマンの場合で言えば、給料自体は急に増えるわけでも大きく変動するわけでもないので、決まった給料の中でやりくりする、すなわち支出をコントロールし、運用に回せるお金を生み出すことができれば投資をすべきだろうと思います。そしてそれはサラリーマンにとっては資産形成の王道と言ってもいいでしょう。

〝となりの億り人〟はあなたの周りにもいるかもしれない

『となりの億万長者』では、億万長者は決して派手な生活をしているのではなく、実はとても地味な生活をしているということが書かれていました。そういうことを頭に入れて自分の周りを見渡してみると、地味な暮らしをしているけどおっとりしていて、余裕を持った風情の人がいませんか？　その中にはひょっとしたら「億り人」がいるかもしれません。

実際に私もそういう人を見てきましたので、次の節では、私が考える「となりの億り人」となる条件について考えてみたいと思います。

3　私が3万人の投資家と向き合ってわかったこと

小口の取引をしている人の中にも〝億り人〟がいる

私は大学を出てすぐに証券会社に入社し、定年まで勤めたので約38年間、証券会社で仕事をしてきました。そのうち25年間が個人投資家からの相談業務を担当し、残りの13年間が企業年金に関連する仕事でしたから、個人投資家と向き合う期間が4分の3近くだったわけです。その間に自分が担当した顧客、及び自分の担当ではなくても店頭で投資相談を受けた顧客の数は累計すると3万人はくだらないでしょう。

証券会社と取引したことのない人は、かなりまとまったお金がないと取引ができないと思うかもしれませんが、意外とそうでもないのです。私が現役の頃なので今から20年ぐらい前でも口座を開いている人の内、残高が100万円以下の人が8割ぐらいでした。今のように少額での証券取引ができるようになった時代なら、この比率は恐らく9割以上になるのではないでしょうか。

ただ、ひとつの証券会社に預けている資産が少ないからと言ってその人がお金持ちではないかというと、決してそんなことはありません。18ページでもお話ししたように、2021年の9月に発表された日銀の資金循環統計によれば、2021年3月末時点での個人金融資産は1968兆円ですが、この内、証券の割合は15・7％しかありません。したがって、証券会社で1千万～2千万円のお金を預けている人であればその多くは恐らく〝億り人〟である可能性は高いでしょう。事実、私が長年にわたって相談を受けてきた人の中には、口座の残高はそれほど多くなくても他の金融機関も合計すれば驚くような資産を持っている人もいました。そしてそういうお金持ちの人は驚くほど見た目が地味な人が多かったのです。いかにも上流階級の雰囲気で高級ブランドやアクセサリーを身にまとっているわけでもありません。さりとて、いかにも成り金っぽいオーラを全身から発するようなところも全く感じません。これは『となりの億万長者』にも出てきた話ですが、結局、見た目がいかにもお金持ちという人はその時点での収入の多い人であって、必ずしも資産家というわけではないのだろうと思います。

“人は見た目が9割”ではない！

実際にこんなことがありました。私が30代前半だった頃に、某地方支店で仕事をしていた時に2人のお客さんがいました。仮にその2人をAさん、Bさんと名付けておきます。Aさんは50代でしたが、普通の管理職サラリーマンでした。通常の取引は当時のことですからネットではなく、主に電話、たまに仕事で外へ出た時や有休を取った時に証券会社の店舗に寄るぐらいのお客さんでしたが、預かっていたのは投資信託が3千万円、株式が2千万円ほどでした。Aさんはいくつかの証券会社で取引をしていたようで、自分の保有金融資産がどれぐらいあるのか正確には教えてくれませんでしたが、話しぶりから少なくとも億を超えていたことは容易に想像できました。一方、Bさんは40歳手前で、それまで勤めていた不動産会社を辞めて独立し、数年経っています。たまたま地域で開発される工業団地の仕事に関わったことで自分の会社の収益が大きく上がり、事業が軌道に乗ってきたことから余裕資金で株式投資を始めたという人です。ただBさんの場合、取引はあったものの金額は数百万円程度で、それほど熱心ではありませんでした。ところが、当時はかなり羽振りが良かったようで、いつも高級外車に乗って来店されていたことを覚えています。スーツもわざわざ東京に行って銀座の老舗でオーダーメイドをしたと言っていました。

その後私も転勤になり、その地方に行く機会もなかったのですが、15年ほど経った時に、当時のメンバーが集まってOB会をやることになり、かつての勤務地を訪れました。一緒に仕事をした仲間と語る内に昔話になったのですが、Aさんは定年退職されたあと、今でものんびりと株式投資をされているそうで、時々お孫さんを連れて店頭に来られるとのことでした。もちろん顧客情報ですから具体的な金額や取引内容についての話は一切ありませんでしたが、話を聞いている限りはとても豊かな老後生活を楽しんでおられるような印象を受けました。一方、Bさんのことはその場でも話題には出ませんでした。ひょっとしたらもう取引はされてなかったのかもしれません。翌日、Bさんの会社があった場所の前を通りかかりましたが、既にその会社は無くなっており、飲食店になっていました。

恐らくあの当時AさんとBさんの2人を比べたら誰が見てもBさんの方がお金持ちに見えたことは間違いありません。今から考えると当時の収入は恐らくBさんの方がはるかに多かったと思いますが、資産の額ということになると必ずしもそうではなかったのかもしれません。実際のお金持ちは普通の人が抱くイメージとは逆なのです。そう、億り人については〝人は見た目が9割〟ではないというのが現実のようです。

お金持ちの個人投資家は下落時を逃さない

よくメディアなどで紹介される〝億り人〟と言われる人のサクセスストーリーを見ていると、「元の資金は50万円で始めたが、5年間で1億円を達成した」といった類いの話が出てきます。これはいかにも気持ちをそそられる話です。わずかな金額でも億り人になれるというフレーズは心に響くことでしょう。恐らくこれは売買を重ねるトレーディングで成功して資産を築いていったというケースだと思います。でも実際にはそんな話がたくさんあるわけではありません。もちろん中にはそういう人もいるでしょうが、トレーディングで百戦百勝ということはまずあり得ません。たまたま上手くいくことが続いて利益を積み重ねていっても、一度の負けで大きく資産を失うということは往々にしてあり得ます。中には天才的な勘でもって見事に買い時、売り時を当てる人もいますが、そういう人は恐らく1%もいないでしょう。

私が今まで見てきた個人投資家の中でも、株式投資で資産形成した人の多くは成長企業や優良企業の長期投資です。中には投資信託の積立で資産を築いた人もいます。ただ、共通するのは日常の生活の中で無駄な支出を無くすことで、投資するための資金をこしらえているということです。特にサラリーマンの場合、給料とボーナスが収入源ですから自営業のように商売がうまく当たって一度に大きなお金が入ってくることはありません。もちろん逆に言えば収入は安定しています。だからこそ支出をコントロールして投資資金を捻出することを根気よく続けた人が成功しているのです。

さらに言えば、個別企業に投資をしている場合でも積立投資をしている場合でも一定額の現金、すなわち待機資金を用意しておき、市場が大きく下落した時に買い増しするということを実行できた人が成功しています。私が証券マンの時代には何度もリーマンショック級の下落はありました。例えば第一次と第二次のオイルショック、ブラックマンデー、バブル崩壊、アジア通貨危機といった大幅下落局面です。資産作りに成功した人の多くは普段の積立投資以外に、こうした大幅な下落時をチャンスと捉え、それまでに準備していた待機資金を投入したことで長期的には大幅な収益を得ることができたのです。

そもそも短期のトレーディングで利益を得ようとすると取引時間内はほとんど画面を見ながら機動的な売買を繰り返さなければなりません。サラリーマンや自営業で仕事を持っている人にはとてもそんなことはできるわけがないのです。したがって、根気よく地道に投資を続けることが、成功して資産家になった個人投資家で最も普遍的なパターンと考えて良いでしょう。

4 〝億り人〟になるには？　3つのパターンを考える

〝億り人〟というのはどういう人たちなのか、ということをお話ししてきましたが、実際に純資産を1億円以上持てるようになるには職業や環境などによっていくつかのパターンがあります。それぞれの立場や環境によってどんなやり方でそうなるのか、それらのパターンを考えてみたいと思います。細かい相違点はあるものの大きく分けると以下の3つがあると私は考えています。

① 代々資産家の家に生まれ、相続等によって自分も資産家になる
② 自分で事業を興して成功する
③ 普通に働きながら投資で資産形成をする

近江商人の教え

①の、代々、家が裕福で資産家だったのなら、何もしなくても自分も資産家になるのだから、これは一番楽なパターンではないかと思うでしょうね。ところが意外とそういうわけでもないのです。創業者が作った会社を潰さずに維持する、さらに発展させるというのはかなり難しいことです。中国は唐の時代の古典で帝王学を指南する『貞観政要《じょうがんせいよう》』という書物がありますが、そのなかに「創業は易く、守成は難し」という言葉が出てきます。現代風に言い換えれば「起業することはそれほど難しいわけではないが、それを維持し、発展させていくことの方が難しい」ということです。これはベンチャー企業の経営者の方にお話を聞いてもみなさん、異口同音におっしゃいます。

さらに事業を継続していくことの難しさに加えて、個人で持っている土地や金融資産といった財産そのものを維持していくのも決して楽ではないでしょう。相続税が与える影響の大きさから、俗に「三代相続すると財産はなくなる」ということもよく言われます。何代も続いて財産を維持するというのは我々が考えるほど楽なことではないのかもしれません。

私の知人に滋賀県でいくつかの事業を手がける経営者の人がいます。彼はある時、「近江《おうみ》商人の教え」ということで次のような話をしてくれました。

「近江商人は代々、自分の子供に対して『事業を大きくしようとか発展させようなんていうことは考えるな。ただただ、今の商売をそのまま維持することのみを考えろ』と、言い伝えてきたのです。ところが何代も続くと、中には非常に商売の才能の優れた奴が出てくる。そういう奴は能力が高く、智恵も行動力もあるからいくら〝大きくしようと考えるな〟と言われても自らの才覚でどんどん新しいことに挑戦し、家業を大きくしていく。そういう奴が何代かに1人現れればそれで十分だということなのです」

これは素晴らしい智恵です。実際に二代目、三代目でむやみに事業を拡大しようとして潰れた会社がたくさんあることを思うと、これこそまさに事業のサステイナビリティにとって最も大切なことと言って良いかもしれません。ことほど左様に受け継いだ財産を守るということは難しいのです。

ただ、何代も名家の資産家などという人は世の中にはそれほどいません。したがってこの「近江商人の教え」は確かに面白い話ですし、事業や財産を維持していく上で役に立つことではあるものの、我々一般の人間が資産家になるために必要な知恵というわけではありません。したがって多くの人にとっては、このパターンはほとんど参考にはならないと考えていいでしょう。

起業家はお金にはあまり興味が無い？

次の②のパターンは自分で事業を興して成功する、というものです。このパターンも実際にはそれほど容易なものではありません。以前、日経ビジネスの記事で「ベンチャー企業が開業して5年後までに生き残っている割合は15％」という記事を読んだことがありました。元データが載っていなかったので、この数字が正しいかどうかはわかりませんが、私の周りでも会社は作ったけれど、鳴かず飛ばずのままに廃業してしまったというケースは何件も見てきました。

でもこれはある程度うなずける理由があります。それは財政的な問題です。ベンチャー企業を立ち上げる経営者の多くは、「金儲け」を主たる目的にしているのではないということです。どちらかと言えば、新しい製品やサービスを世に問いたい、そういう新しい商品やサービスで世の中の役に立ちたいと考える人が多いのです。私の知り合いの会計士やコンサルタントの人たちの話によれば、「ベンチャー企業の経営者は、事業意欲は強いけど、それは自分たちの作る製品やサービスを広めたいということなんです。せめてその意欲の何分の一かでも財務に関心を持ってくれたらいいのに」というケースがよくあると言います。つまり自分たちが作ったり開発したりした商品やサービスに強い愛着があり、またそれを売り込むことにはとても関心が高いものの、お金に対してはあまり関心が無く、ただお金儲けをしたいわけではないという人も多いのです。

したがって、事業が成功して資産家になったというのは、成功した結果に対する付随的なものですから、そもそも金持ちになることを目的としているわけではないと言えるのです。ということは〝億り人〟になりたいために普通の人が起業したとしても、つまり「金儲け」だけを目的にして仕事を始めてもうまくいく可能性は限りなく低いと考えるべきでしょう。なぜなら「どうしても〝これ〟がやりたい」という思い無しに起業してもまず成功するとは考えにくいからです。

そうでなくても起業というのは「強い情熱」「経営を成功させる才覚」「リスクを取る覚悟」、そして〝運〟だって大きく左右します。前述したように「もう少し財務に関心を持ってくれれば」というのも、あくまでもビジネスを成功させるためのものであって、自分の資産を増やすことが第一義的な目的というわけではありません。したがって、「資産家になりたい」ということだけであれば、このパターン、「自分で事業を興して成功する」というのもあまり参考にはならないと考えるべきでしょう。

普通に働いているだけでは億り人にはなれない

最後、③のパターンですが、普通の人にとっては恐らくこれが一番実現性の高いやり方と言って良いでしょう。〝普通に働く〟というのはほとんどの人にとってはサラリーマンとして働くということですが、フリーランスや自営業で働いている人も同じです。第3章で詳しくお話ししますが、あくまでも〝普通に働く〟というのが大切なキーワードです。仕事をそっちのけにして株式や不動産売買で利益を得るというのは、非常に難しいと考えるべきでしょう。多くの人は株式や不動産、あるいは最近であれば仮想通貨などを頻繁に売買することでひと財産こしらえたのではないかというイメージを持っているかもしれませんが、現実に〝億り人〟になった人にはそういうケースはほとんどありません。なぜならそんなやり方をしていれば、日々まともに仕事なんかできないからです。大事なことは、〝普通に仕事をしながら〟投資をするということなのです。

とは言え、普通のサラリーマンが仕事の給料だけで億り人になるというのもかなり難しいことです。前述したように、大卒で正規社員の男性の場合の生涯賃金は平均で約2億7千万円となっています。一方、支出の方でみると総務省統計局の家計調査年報2019年版[※1]にある「二人以上の世帯のうち勤労者世帯の家計収支」では平均的な消費支出が32万3853円、税や社会保険料などの非消費支出は10万9504円となっていますから合計すると支出は月額43万円あまりになります。仮に大学卒業後、定年の60歳までこの金額で支出を続けるとその金額は約1億9700万円となりますから、生涯賃金との差額は7300万円となり、日常生活費以外を全部貯蓄に充てたとしても1億円には足りません。これ以外にも非経常的な支出も入れると実際には働いて得る給料だけで億を超える純資産を作るのは、役員になるとか、あるいは出世して社長にでもならない限りかなり難しいと思われます。したがって、働きながらも得た収入から出て行く支出をできるだけコントロールし、そのお金を何らかの形で投資することは資産家になるためには必須なのです。

その具体的な考え方や方法については第3章で詳しく述べたいと思いますが、大事なのは「働く」だけでも、「投資する」だけでも資産家になるのは難しいということです。それぞれが両立できるようなやり方を考えて実行していくことが大切です。

※1 「家計調査年報（家計収支編）2019年（令和元年）」（総務省統計局）
https://www.stat.go.jp/data/kakei/2019np/gaikyo/pdf/gk01.pdf

第2章　億り人の思考と行動

1　自営・フリーランス編

具体的な習慣や行動

さて、第1章では、「億り人」とは一体どんな人たちなのかということをお話ししてきました。いかにもお金持ち然とした人よりもむしろもっと地味な生活をしている人の中に本当のお金持ち＝億り人がいる、ということでしたね。さて、第2章ではそうした人たちの外見や基本的な考え方についてだけではなく、彼らの具体的な習慣や行動についてもう少し詳しく探っていきたいと思います。ここでも主に私が今まで実際にお会いしたり、取材したりした人たちの話を元にして進めていきたいと思います。

資産家と一口に言っても職業で言えば2つの種類に分かれます。ひとつは企業オーナーや医者、フリーランスといった言わば自営業や企業家の人たち、そしてもうひとつが普通のサラリーマンです。これらの2つのタイプはお金持ちになる方法が少し異なります。前者は、基本的に自分の本業で稼いで資産を作ってきた人が多いですし、後者はサラリーマンですから仕事だけでなく、主に何かに投資をすることによって資産形成をおこなった結果、お金持ちになったという人が多いのです。そしてこの両者は資産形成の方法が異なるだけではなく、億り人になるための習慣や行動もかなり異なります。もちろん共通する部分はありますが、そもそも資産を作るためのやり方が異なるわけですから、必然的にやるべきことも違うのは当然です。そこで、それぞれのタイプ毎《ごと》にその習慣と行動の特徴についてお話をしてみたいと思います。これらは、たくさんの資産家の人たちの思考や行動を見てきた私の経験から考える「資産家になれる人の特徴」です。まずは自営・フリーランスの場合です。

3つの特徴

企業のオーナー経営者で資産家になっている人は、自分自身が経営者ですからその多くは本業で稼いでお金を作った人たちです。前章でもお話ししたように、代々受け継いできた資産が多くて最初から資産家だったという人もいないことはないですが、そういう人はごくわずかです。また、中には投資で成功して資産家になったという人もいますが、投資だけで資産を作った人というのはそんなに多くはいません。投資で成功した人も、それだけで資産をこしらえたのではなく、ビジネスでの成功との合わせ技だったと言っていいでしょう。ただ、ビジネスのセンスが優れている人はほぼ例外なく投資のセンスも優れていますから事業以外の株式投資や不動産投資でもうまくいくだろうとは思います。

では、そんな人たちの習慣や行動とは一体どんなものなのでしょうか。どんなビジネスをするかによって成功するためのノウハウは異なりますが、成功している人の「習慣と行動」ということで見るといくつか共通するパターンがあります。それらの特徴についてその行動パターンとなぜそうすることが必要なのかの理由を考えてみましょう。

① 約束は必ず守る

大金持ちになった人で、人との約束を破る人はいません。これは仕事の納期や支払いといった大きな約束だけでなく、個人の飲み会とか、会合への参加といった小さな約束でも同じです。彼らはそんな約束にも遅刻したりドタキャンしたりすることはまずありません。

どんな約束であれ、決して破ることのない人は人から信用されます。信用されると仕事がやってきます。つまり「信用」というのはお金になるのです。この感覚はサラリーマンの人にはなかなかわからないと思います。「信用が大事」というのは言葉としてはわかっていても実感を覚えることはあまりないからです。

事実、私もサラリーマン時代にはそうでした。サラリーマンの約束というのは多くの場合、社内の人との約束ですし、外部の人との約束の場合でも、それを破った場合は、あなた個人というよりもむしろ会社が信用を失うことになるわけです。したがって約束を守らなければ会社に迷惑をかけることになりますから、上司からはこっぴどく叱られるでしょうが、だからと言って、よほどのことが無い限り、それで給料がもらえなくなったり、失業したりすることはありません。

ところが、個人事業主で仕事をしていると「信用を失う」ということは致命的です。場合によっては二度と仕事は来ません。だから何にもまして約束を守るということが大事なのです。企業家やフリーランスの人はそういうことを知っています。そして約束を守るということがいかに難しいかもよくわかっています。だから大変な苦労をして約束を守りきる人は信用され、成功してお金を儲けることができるのです。

ある時、著名な女性実業家の人と対談する機会がありました。その後懇親会で食事をしている時に、美味しいスイーツの話になり、その方は「あ、それじゃあそのスイーツ、あなたのところに送ってあげるわね」と言ってくれました。何しろお酒の席で盛り上がった話ですし、勢いでリップサービスとしてそういうことを言う人はよくいます。したがって、私もそうは言われたものの、そんなことはすっかり忘れていたのですが、その会食から2日後に何とそのスイーツが家に届いたのです。いくらお酒の席で盛り上がって話したことでも約束したことは遅滞なく実行する、一流の人というのはこういう人のことなのだなと、あらためて実感しました。

② 結論を出すのが早い

私が現役の証券マン時代に営業をやっていた頃にはお客様に様々な金融商品をセールスしに行きました。そんな時、資産家の人の特徴はなんといっても〝決断が早い〟ということです。「しばらく考えたい」とか「検討します」という返事はまずありません。そもそも「検討します」というのは、関西においてはやんわりとした断り文句です。買うか買わないかの答えが実に早いのです。その理由は2つあります。まずひとつ目は、彼らが数え切れないぐらいの判断を迫られる日々を過ごしているからです。サラリーマンの場合、判断するのは大概、上の人がやります。ただ、上も自分の責任をヘッジするためにその上に判断を仰ぎます。こうして会社組織の中ではみんながヘッジしまくって、どこに責任があるのかが曖昧になるまで十分リスク分散されてから結論が出されるので、あらゆることの決定に時間がかかるのです。

ところがオーナー経営者は全ての決定権限と責任が自分に集中します。当然日々の仕事の中で次から次へと判断を求められることになるため、何事においてもすぐに決断せざるを得ないのです。もちろん下した判断が必ずしも正しいとは限りません。でも間違った判断を下したということがわかると、すぐにそれを覆す、その決断も早いのです。結果的に判断のスピードを早くせざるを得ないという習慣になっていくというわけです。

2つ目の理由です。早く決断できる人というのは〝頭が良い人〟なのです。ここで言う頭の良い人とは学校の成績が良かったということではありませんし、ましてや高学歴の人というわけでもありません。要は頭の回転の速い人のことです。これはセンスの良い人と言い換えてもいいでしょう。こういう人は必ずしも元々頭が良かった人であるとは限りません。今までに自分がやった失敗を学んでいくうちに「早く決断することの大切さ」に気付いたから頭の回転も速くなり、早く決断することができるようになったのです。

では、決断が早いとなぜ良いのでしょう？　それは儲けるチャンスを失わずに済むからです。これは事業だけではなく、投資においても言えることですが、飛びついたものが失敗しても、失敗したとわかった時点で早く止めれば被害は少なくて済みますが、乗り遅れた場合はその後になかなか乗ることができません。決断が早いというのはいずれの場合でもメリットをもたらしてくれるのです。

③　部屋や机がきれい

これについては一見、関係ないと思われるかもしれませんが、私の経験で言えば不思議とこれは事実なのです。しかしながらなぜ、部屋や机がきれいなら資産家になれるのかを論理的に説明することはできません。でも経験上、多くの優秀な経営者や資産家は実際にそういう傾向があります。そしてこの理由を私なりにじっくり考えてみると次のような相関があるのではないかと思っています。

ひと頃「断捨離」がブームでした。特にそのメリットと言われていたのは、断捨離をすることで物の価値を見極められるようになり、無駄な買い物をすることが少なくなるのでお金が貯まるということです。まあ、それはその通りかもしれませんが、そういう細かい話ではなく、私はもう少し本質的に整理整頓をすることが仕事に与えるメリットは大きいような気がしています。どういうことかと言うと、身の回りに余計なもの、必要のないものを置いておかないようにすることで、気持ちがすっきりしますから、思索に耽ったり、考えて判断したりする作業がスムーズになるのではないかと思うのです。少々殺風景と思われるぐらいの部屋の方がビジネスを考える上では戦闘モードに入れるのではないでしょうか。自分のオフィスに山のようにフィギュアを置いていたり、壁にアイドルのポスターをいっぱい貼りまくっているという経営者はあまり見たことがありません（笑）。

実際、私自身も独立して仕事を始めてから机の上をきれいにするように心がけました。

資料も山積みにせず、必要に応じてすぐ取り出せるように整理整頓しておくことで、思考の整理ができるようになり、それまで以上により深く考えることができるようになりました。さらに言えば優れた経営者や資産家の特徴である「決断が早い」というのも、身の回りに余計なものを置いていないからこそできることなのではないでしょうか。

2　サラリーマン編

前節では、自営業やフリーランスで億り人になる人たちに多い思考や行動習慣についてお話ししました。今回はそれらの人たちではなく、給与所得者、つまり会社や役所に勤める仕事をしている人で資産家になった人のパターンや特徴についてお話しします。36ページでもお話ししましたが、実は会社勤めでずっと定年まで過ごした人の中にも驚くほど多くの資産を築いた人は少なくありません。特に親から遺産相続をしたわけでもなく、会社の中で役員になるといった大きな出世をしたわけではなくてもそういう人は間違いなくいます。私も25年間、投資相談業務をやってきた中でそういう人たちをたくさん見てきました。そしてそんな人たちにも共通点は間違いなくあります。ではその行動や思考とは一体どのようなものなのでしょうか？

天引きの習慣を身につけている

自営業と違って勤め人の場合、収入に大きなバラツキはありません。ボーナスなどは年によって増えたり減ったりすることはあるでしょうが、毎月の給料は、極端な長時間残業でもなければそれほどブレることはないでしょう。安定している代わりに収入を大きく増やすということも短期的には難しいのです。したがって収入がそう簡単に増えないのであれば、支出を減らそうという方向に動きがちです。いわゆる「節約」であり、世の中には「節約術」指南書もたくさん出ています。もちろん無駄な支出を減らすのは必要なことですし、支出の適正化が大事であることは次節でもお話ししますが、やたら節約指向だけに走ってしまうと生活が楽しくなくなります。特に何かの目的のために一定金額を貯めようということで一定の期間はお金を使うことを我慢することはできるでしょうが、何十年にもわたってずっと節約を続けるというのはつらいものです。

私は節約よりももっと大事なことが「天引きの習慣」だと思います。サラリーマンのように決まった収入のある人にとってお金を増やすために最も必要なことは、〝自分の視界からお金を見えないようにすること〟です。「天引き」というのはまさにそのための方法です。天引きされたお金は見えないままに貯まっていくからです。

そしてこの場合の天引きは必ずしも投資でなくてもかまいません。単に貯蓄でも良いのです。「でも貯蓄じゃお金は増えないでしょう、やっぱり積立投資の方がいいんじゃない？」と思う人もいるでしょう。けれども後ほど述べるように、最初はむしろ投資よりも貯蓄にした方が良いのです。それに「積立投資」というのは資産形成にとってはとても良い方法であることは確かですが、さりとて積立投資だけで大金持ちになったという人はそれほど多くはいません。これも後ほど第3章で詳しく紹介しますが、積立投資もやみくもにただやれば良いというわけではなく、成功するために考えるべきことと注意しておくべきことはあります。したがって、最初は貯蓄であってもかまわないので天引きで資金をある程度こしらえておくことはとても大切なことです。天引きで一定の貯蓄額ができた後に積立投資を始めるということでも決して遅くはないと思います。

生活パターンを確立している

収入が一定のサラリーマンだからこそ、天引きの習慣を身につけることが大事だということは今お話しした通りですが、もう一歩踏み込んで生活パターン自体を考えてみましょう。人生においてお金とは「稼ぐ」「使う」「貯める」「増やす」そして「守る」ものです。億り人になるためにはこれらをどうやってコントロールしていくかが重要なのです。ただしこの内、最後の「守る」はそれなりに資産ができあがった後の話ですから、これから資産作りをしようというフェーズの人にとってはあまり考える必要はないでしょう。

また、初めの「稼ぐ」、これはとても重要な要素ですが、自営業の人ならともかく、サラリーマンではそれほど急に収入が増えるということはあまりありません。もちろんどこかの外資系企業にスカウトされて年収が一挙に2倍とか3倍になるという人もいますが、これは誰でもできるわけではありません。第3章のはじめにお話ししますが、そういうパターンはあまり再現性がありません。本書ではやろうと思えばやれることに絞ってお話をしていきますので、転職による大幅な年収増というのは取り上げません。

そうするとコントロールに必要なのは「使う」、「貯める」、「増やす」という3つのフェーズということになります。先ほども述べましたが、私はこの中でまずは「貯める」ということから始めるべきだと思います。すなわち給料をもらったらそのまま生活費に使い、残ったお金を貯めるのではなく、まず最初に天引きで貯めることから始めるのです。

明治から昭和にかけて植林、造園、産業振興等多方面で活躍し、同時に投資によって巨額の資産を築いた本多静六《ほんだせいろく》という人がいます。彼は大学で教鞭をとっていたので、自営業ではなく、給与所得者です。彼の書いた『私の財産告白』は今日に至るも資産形成に関する不朽の名著と言っていいのですが、その中で彼は「本多式四分の一貯金法」という考え方を説いています。月給などの月々決まった収入はその四分の一を天引きで貯金しよう、そして賞与などの臨時収入は全額を貯金につぎ込む、という方法です。四分の一、つまり給料の25%ですからこれはかなり苦しい生活になるでしょう。そこまでしなくてもいいかもしれませんが、少なくとも1割~2割は貯金に回すのが良いと思います。彼はそうやって貯めたお金を投資に回していったわけですが、現代であれば、一定の目標金額まで貯めれば、そこから先は貯金に回していた分のお金を積立投資に回すのが良いでしょう。一定の目標は人によって異なるでしょうが、私は年間に必要な生活費の2年分を目処《めど》にするのが良いと思います。昔と違い、今はサラリーマンといえども身分が完全に安泰というわけではありません。いつなん時、職を失うことになるかわからない。そのことはコロナ禍で多くの人が経験されたことでしょう。したがって、最低でも年間生活費の1年分、できれば2年分はリスクヘッジのために持っておくべきです。

したがって、まず天引きで「貯める」、そして天引きした残りのお金は「使う」、そう全部使ってもいいのです。そして一定額まで貯まったら、貯めたお金には手を付けず、それまで天引きしていたお金を「増やす」ために「貯蓄」ではなく、「投資」へ回していく。こういう生活パターンをできるだけ早い内から確立していくことが大切です。サラリーマンでありながら40代、50代で〝億り人〟になった人たちの多くはこのパターンで財産をこしらえているのです。

何でも自分で考える

これはサラリーマンでなくても大事なことです。ただ、自営業や企業経営者の場合、誰も何も教えてくれないし、指示もしてくれませんから自分で考えて判断するしかないので、必然的にこの習慣は身についています。ところが、勤めている人はなかなかそういうわけにはいきません。自分で判断して動いても上から否定されることもあります。したがって上からの指示がないと動けないというのは、本人の責任ではなく仕方のないことなのです。でも資産を作るために投資をするのであれば、絶対に自分で考えて判断しないとだめです。なぜなら人に聞いて投資をした場合、そしてそれがうまくいかなかった場合は、後悔が残るからです。さらにもっと悪いことは成功しても失敗してもその経験に学ぶということができないからです。「何か儲かる銘柄はないですか?」とか「どうやったらお金が貯まりますか?」みたいなことを聞く人は永遠にお金持ちにはなれません。失敗もしながら何でも自分で考えるということが何よりも大切なことなのです。

また、安易に人の言うことや勧めを受け入れるのではなく、何事においても疑ってかかることは資産を作る上では大切です。具体的な例を考えてみましょう。保険とローンについてです。この2つはどちらも資産作りにとっては大敵と言ってもいいものです。

保険に関して言えば、保険の目的は「補償」です。さらに言うと「確率極小、損失極大」

といった事態に備えることにあります。つまり滅多に起こらないけれど、もし起こってしまったら、とても自分の蓄えではまかなえないことに対応するためにあるのです。それに日本の場合、社会保険制度が発達していますから、医療についてもほとんどは公的医療保険でまかなうことができますし、生命保険についても必要なのは本当に人生のごく一時期だけですから、限定的に利用すれば良いのです。公的年金でカバーされる遺族年金は多くの人が考えている以上に給付される総額は大きいですから、まずはそちらの金額を調べた上で、足りないと思った部分だけ加入すればいいのです。

また、ローンというのは名前がどうであれ「借金」です。借金はそれにかかるコストを上回るリターンが得られる場合に利用することで経済的な利益が得られるものです。コストというのは言うまでもなく金利です。つまり自己資金だけでやるよりも金利というコストを負担してレバレッジをかけることで大きなリターンを取りにいくための手段が借金であり、そうでなければ金利を支払うということは大いにお金の無駄です。

家を建てるというのはある意味、将来にわたって自分が安住できる場所を確保できるという精神的なリターンが大きいのでローンを使って建てるというのは理解できます。ところが旅行に行ったり、欲しいものを買うためにカードローンを使ったりリボ払いで利用したりするのは資産形成を考える上ではとんでもない無駄なコストです。したがって、保険もローンも「本当にそれを利用する価値があるのか？」ということを自分で考え抜いて利用すべきでしょう。

サラリーマンで億り人になった人の多くは、「保険は加入した方が良い」とか「欲しいものがあればローンで手に入れればいい」という一般的な社会通念に安易に乗っかるのではなく、それが本当に必要かどうかをしっかりと自分の頭で考え抜いています。もちろん必要であるという結論に達したのであれば、できるだけ安いコストで利用することは考えてもいいのですが、そこに至るまでにどれだけ自分の頭で考えたのかはとても重要なことだと思います。

3　億り人に共通することは…

さて、同じ資産家であっても、自営業・フリーランス、そしてサラリーマンと、それぞれ職業や立場によって異なる「習慣」や「行動」の特徴とその違いについてお話をしてきましたが、職業は違っても彼らには「共通する思考法」があります。そしてその思考法が彼らの習慣や行動を決定づけている部分もありますので、この節では彼らに共通する思考について考えてみたいと思います。

「地位財」と「非地位財」

米コーネル大学の経済学教授でロバート・H・フランクという人がいます。ニューヨーク・タイムズ紙に10年以上にわたってコラムを執筆していて、面白い著書もたくさんあるのですが、そのひとつに『幸せとお金の経済学（原題：Falling Behind）』があります。この本のまえがきで「地位財」と「非地位財」という考え方が紹介されています。「地位財」とは「他人との比較優位によってはじめて価値の生まれるもの」です。具体的に言えば収入や社会的地位、評判、そして物質で言えば住宅や車といったものを指します。

一方、「非地位財」とは、「他人が何を持っているかどうかとは関係なく、自分にとって、それ自体に価値があり、喜びを感じるもの」を指します。例えば、休暇、自由、家族への愛情や友達との友情、働く環境の快適さといったものが挙げられます。

『となりの億万長者』を読んでもそうですが、私自身も資産家の人にお話を聞いていると、どうも彼らに共通するのは「非地位財」に大きな価値を感じていることなのではないかと思えてきます。フランク氏は一般的に多くの人は「地位財」を求め、それが人類の歴史だったと言います。なぜなら人類が進化の過程において生き残り、子孫を残すためには絶対的な価値である「健康」や「愛情」だけでは不十分で、相対的な価値が重要だったからです。例えば狩猟採集社会において、強い肉体を持っていなくても他者が自分よりも劣っていれば家族に食料を与えることもできたわけです。したがって他との比較において価値を認めるというのは人類にとってはごく自然なことだったと言えます。

さらに彼は短期的な満足を満たす報酬である「地位財」を追い求めることで長期的な幸

福の源泉となる「非地位財」を犠牲にしてしまいがちになるとも言います。人類の歴史という壮大な話にまで及ばなくても多くの人が「地位財」を手に入れるために必死になるのは仕方がありません。そこにある感覚は人並みに暮らしたいというものです。あるいは人が持っているものは自分も手に入れたいという気持ちが強いからです。

ところが資産家は、そういうものではなくどうやら「非地位財」に価値を見いだしているようなのです。それは一体どうしてなのか?「そりゃ何でも手に入るだけのお金があればいつでも立派な家や車を買えるのだから、逆にそういうものを手に入れようということに関心がなくなったんでしょ」と考えるかもしれません。ところが、私自身が資産家の人たちに実際に話を聞いた限りでは、「お金持ち」になったからそういうものに関心が無くなり、休暇、自由、愛情や友情に関心が向くようになったのかというと、必ずしもそういう印象ではないのです。

収支の管理

そもそも彼らは高価な車や高級な洋服、アクセサリーといったものにはあまり執着を持っていないように見えます。『となりの億万長者』に出てきたエピソードのように金融機関が招いた集まりでも、提供された高級ワインやキャビアなどには目もくれずバドワイザーとクラッカーばかり食べていた億万長者の人たち。彼らは高級な食材に食べ飽きたわけではなく、元々そういうものに興味がないのです。だからこそ、あまり余分なお金を使うことなく、お金を貯めることができたとも言えるでしょう。

しかしながら普通の人が物欲を抑える、我慢するというのはなかなか難しいことです。そんな普通の人のために「節約術」を指南するような本や記事もたくさんありますが、現実には我々のような普通の人間が節約を〝続ける〟というのも難しいでしょう。自分の欲望を長い期間にわたって抑え込むのはつらいことだからです。だとすれば一体どうすればいいのか。ずばり資産家の人たちが共通してやっていることを真似しましょう。それは「収支を管理する」ということです。

特にサラリーマンの場合、収入は急に増えることはそれほどありませんので、どうしても支出を管理することがメインの施策となります。私が取材したサラリーマン資産家の人たちも例外なく収支管理はやっていましたし、メディアに登場する資産形成に成功した人も投資で一発当てたということではなく、地道に支出管理をしながら、貯めたお金を少しずつ投資につぎ込んでいった結果だと言えるでしょう。中には『本気でＦＩＲＥをめざす人のための資産形成入門』の著者である穂高唯希さんのように、毎月の給料の２割で生活し、残りの８割のお金を投資につぎ込んでコツコツと続けていったという人もいます。穂高さんは節約というとなんだか暗いイメージがあるので「支出の最適化」という言葉を使っている、と書いてありますが、確かに本を読んでいると支出についてもきわめて合理的な考え方で、あまりケチケチ生活という印象はありません。

結局、支出を管理するというのは、欲しいものも我慢してケチケチするということではなく、「自分にとって最も価値のあることは何か」ということを真剣に考えて、その優先順位に沿って支出するということなのだと思います。その場合、自分のやりたいことや趣味に関することを削るとストレスが溜まります。ところが削ってもまったくストレスがなく、かつ実効性の高いという項目もいくつかあります。その代表的なものが「保険」です。

“億り人”が生命保険や医療保険に入らない理由

日本人は世界一保険が好きな国民と言われています。前節でもお話ししたように保険はとても大事なものではありますが、その目的は自分の蓄えでは到底まかなえないような巨額の出費が起きた場合のリスクに備えるものです。逆に言えば自分の蓄えでまかなえるのであれば保険に入る必要はないのです。

私の知り合いには何人もファイナンシャル・プランナーがいますが、彼らのところに相談に来る人の中には「なかなか貯蓄ができなくて困っている。どうすればいいだろうか?」と言う人が結構いるそうです。ところが支出や家計の状況を見てみるとあまり必要のない保険に毎月5万円も6万円も払っているケースもかなりあると言います。これは明らかに本末転倒と言ってもいいでしょう。

実際にサラリーマンで資産を築いた人の多くは、自動車保険や火災保険には入っていても、生命保険や医療保険に入っているという人は、今まで取材した限りではほとんどいません。一時期、生命保険に入っていたことはあるが、それはごく限定的でなるべく保険料の安い掛け捨て保険にしたと言います。彼らは非常に合理的な考え方を持っていますから、ある人はこのように考えます。

「生命保険で言えば、我々サラリーマンは全員厚生年金に入っているので自分がもし亡くなっても子供が18歳になるまでは年間150万円程度の遺族年金が支給される。それにもしそうなったら、妻は働くことになるだろうから、その収入に毎月12万〜13万円の遺族年金が上乗せされるのであれば生活には困らない。ただ、すぐに働けるかどうかはわからないので、少なくとも3〜4年分ぐらいの生活費がまかなえるようにするために遺族年金で足りない分は生命保険に入れば良い。生活費を年間400万円とすると足りない分は250万円なので、その4年分、1千万円も入っていれば十分だ。それで足りない分は自分の貯蓄や投資を使えば良い」――きわめて冷静で合理的な判断と言っていいのではないでしょうか。

公益財団法人生命保険文化センターが平成30年におこなった「生命保険に関する全国実態調査」という調査によると年間に払い込む保険料の平均金額は38万2千円だそうです。[※1] つまり月額で3万円あまりを払い込んでいます。ところが、あるネット生保では男性の場合、30歳から10年間、保険金額が1千万円の生命保険に入れば保険料は月額1068円で済みます。つまり本当に必要な期間と金額を考えて保険に加入すれば今よりも月額3万円、年間では36万円を貯蓄や投資に回すことができるのです。30歳から60歳までその金額を積み立てると元金だけで1080万円、年3％で運用できたとすれば、約1748万円になります（税・手数料は考慮なし）。

もちろん保険以外にも無駄はたくさんあります。クレジットカードのカードローンやリボ払いで支払う金利、会員になったものの利用していないスポーツクラブの会費、ほとんど使わないのに契約したままになっているスマホのオプションプラン等々。まわりを見渡してみるとそういう無駄な支出が意外に多いことに気付くと思います。これらをやめてもほとんどストレスはありませんし、生活感にも変化はないでしょう。つまり、意識せずに支出しているもの、気が付いていない固定費の中に無駄がないかをもう一度考えるべきなのです。そしてこういう無駄をなくすことで月に1万〜2万円ぐらいのお金を捻出することは可能です。仮に保険以外にあと2万円を投資に回すことができたとしたら、前述と同じ条件で計算すると元利合計は約2913万円になりますから、ほぼ3千万円近くになるでしょう。サラリーマン資産家の人たちというのはこうやって無駄な支出を貯蓄や投資に回して資産作りをしているのです。

もちろん、投資にあたっては注意すべきことがたくさんありますので、それは次章でお話ししますが、何よりもまずは元になるお金を作ることが大切です。そのためにも収支管理、中でも支出管理というのはきわめて重要な課題であると言っていいのではないでしょうか。

※1　「平成30年度生命保険に関する全国実態調査」（公益財団法人　生命保険文化センター）
https://www.jili.or.jp/files/research/zenkokujittai/pdf/30/2018honshi_all.pdf

4　億り人の意外な発想と行動とは

億万長者に共通する思考や行動について前節で述べてきましたが、いずれもできるかどうかは別として、きわめて合理的な考え方と行動であり、「確かにこういうことをしていれば資産家になれるだろうな」という非常に納得性の高いものでした。

ところが実際に資産家の人たちに取材をしてみると、こうした誰でも納得できることだけではなく、「なぜ、そんなことをするのだろう?」と驚くことがあります。この章の最後では、そんな億り人たちの意外な発想や行動を取り上げてみたいと思います。ただ、そういった行動を紹介するだけでなく、なぜそのような行動を取るのか、ということも併せて考えてみましょう。

「寄付」を好む

資産家ほど寄付を好むという傾向はあるようです。ただ、これには様々な意見があって、例えば『格差は心を壊す（原題：The Inner Level)』（リチャード・ウィルキンソン＆ケイト・ピケット著）という本を読むと、富裕層よりもむしろ低所得者層の方が積極的に寄付をする傾向があるということも書かれています。ところが、現実には欧米の超富裕層の人たちの中には巨額の寄付をする人たちが決して少なくありません。

例えば米フォーブス誌の記事によれば、2014〜18年の5年間におけるアメリカの富豪の寄付額を見ると最も金額が多かったのが、世界一の投資家と言われるウォーレン・バフェットで、その金額は147億ドル（約1兆6200億円）、二番目がマイクロソフトの創業者のビル・ゲイツで99億ドル（約1兆900億円）といった具合に桁外れの金額を寄付しています。

でもこれはあくまでもアメリカの話であって、日本では富裕層がそれほど寄付をしないと言われていますが、必ずしもそういうわけでもありません。本章の第2節で取り上げた本多静六氏は苦学して東大の教授になってから、その給料の四分の一を貯蓄し、そのお金を株式投資したことで、現在の貨幣価値にして100億円を超す資産を作ったと言います。ところがその資産のほとんどを彼は定年退官と共に匿名で教育、公共の関係機関に寄付しているのです。

これほど著名人ではなくても一般でも寄付をする人は増えてきています。日本ファンドレイジング協会が出している『寄付白書2017』によれば、個人での寄付金額は2009年から2016年までの8年間で、42％も増えています。私が取材した人たちも1人残らず何らかの形で寄付をしていました。ではなぜ資産家は寄付をするのでしょうか。

彼らが寄付する理由は？

普通に考えると、資産家になった人たちというのは、お金儲けが上手だとか、節約で自分のお金を大事にする、もっと悪く表現すると「ケチ」という印象だってあるかもしれません。そんな人たちがどうして惜しげも無く多額のお金を人に寄付するのか？　私はこれには3つの理由があると思います。まずひとつ目は「幸福感」についてです。

橘玲《たちばなあきら》氏の著書『幸福の「資本」論』には年収が800万円になるまでは収入が増えることでの幸福感は大きいものの、それを超えるとあまり幸福度は増えなくなると書かれています。これは日本だけではなく、アメリカも同様のようで、行動経済学で有名な米プリンストン大学の名誉教授であるダニエル・カーネマン氏が米国科学アカデミー紀要に発表した論文[※1]でも年収7万5千ドルを超えると心の幸福感はあまり増えないとあります。7万5千ドルですから800万円とほぼ同じ金額です。

また一方では金融資産の額も幸福感の増大に与える影響が大きく、『日本の幸福度　格差・労働・家族』（大竹文雄・白石小百合・筒井義郎編著）には、金融資産が多くなるほど幸福度は高くなるものの、その金額が1億円を超えるとむしろ幸福度は低くなると書かれてあります。つまり億り人になると、そこから資産が増えることに対してそれまでほど幸福感が増さないか、あるいは逆に低くなるということなのです。どうやら人間というのは「限りなく欲深い存在」ではないのかもしれません。

でもこれは経済学で言う「限界効用逓減《ていげん》の法則」を考えれば当然かもしれません。「効用」というのは満足ということです。よく例として使われるのは夏の暑い日のビールです。

そんな日に外から帰ってきて飲む一杯目のビールはたまらなく美味しいものです。ところが二杯、三杯と続けるうちにその美味しさは段々と低下していきます。効用というのはこのビールの美味しさのことです。例えば年収200万円の人が100万円アップしたらかなりうれしいでしょう。何しろ1・5倍になるのですから。ところが年収1千万円の人が100万円アップしたら、もちろんうれしいことは同じですが、200万円が300万円になるのとはそのうれしさがかなり違います。同じことが収入や資産にも言えるのだろうと思います。

ここで出てくるのが前節でお話しした「地位財」と「非地位財」です。億り人になって、一定の資産を持つようになると地位財にはあまり興味がなくなり、むしろ非地位財を求めるようになるということです。つまり物を手に入れるよりも、心の満足感を高めたいという方向に向かうから寄付をするようになるのではないでしょうか。ではなぜ寄付が心の満足度を高めるのか、それが次にお話しする2つ目の理由です。

※1　米国科学アカデミー紀要　https://www.pnas.org/content/107/38/16489

「利他の行為」が実は、「利己の行為」かもしれない

ブリティッシュコロンビア大学のエリザベス・ダン教授とハーバード・ビジネス・スクールのマイケル・ノートン教授が書いた『「幸せをお金で買う」5つの授業』という本があるのですが、その中に「幸せになるために大切なことはお金を稼ぐことではなく、どうお金を使うかである」と書いてあります。そしてその使い方のひとつとして寄付は心の満足度をとても高くするという話が出てきます。

金儲けという行為は自分の利益を増やすわけですから「利己的な行為」の最たるものと言っていいかもしれません。逆に寄付は人のためにお金を使うわけなので、文句なしに他人を利する「利他的な行為」と言っていいでしょう。経済学では、理論をわかりやすく整理するために人間は本来利己的に行動するものだとされています。ところが現実は必ずしもそうではありません。大きな震災や台風で被害が出ると自分の仕事を休んでもボランティアに駆けつける人たちがいます。彼らは仮に会社を休んでその分、給料が減ったとしても人を助けるために動いているのです。これはまさに利他的な行為でしょう。

ではなぜ人は自分の利益にならない利他的な行為をするのでしょうか。それはみなさんも自分自身の胸に手を当ててみるとよくわかると思います。ごくシンプルな心の原理、「良いことをすると気持ち良い」からです。電車で座席に座っている時に妊婦さんやお年寄りが乗ってきたので、席を譲ってあげると良い気持ちになるはずです。赤い羽根共同募金でも寄付した後は気分が良いと思います。要するにどんなことであれ、人のためになることをすると気持ちが良くなるのです。

ということは、人のためにやったこと（利他的行為）が実は自分の満足度を高めること（利己的行為）になっているかもしれないということになります。ただし、人間が利他的な行為をするのは、〝ゆとりのある時〟でしょう。自分の周りが平和で問題なく、豊かである時に、はじめて「他の人はどうなのだろう？」という気持ちが出てくるというのが自然な人間の感情です。自分が満たされていて心のゆとりがあるからこそ、他人を慮《おもんぱか》ることができるのです。したがって、経済的にゆとりのある人、一定以上の資産を持っている人はそれを増やすことの喜びよりも自分のお金を使って人のために何かしてあげたことによる幸福感の方がはるかに大きいのだと思います。これが2つ目の理由です。

税金の使い途を指定できる

金持ちが寄付するのは税金対策だ、と言われることがあります。確かにそういう面はあるでしょう。アメリカも日本も寄付することで一定額の税金が控除される仕組みになっています。特にアメリカの場合、日本よりも金額も件数も非常に多いのですが、これは社会制度の違いもあり、アメリカは自助努力の国ですから、社会保険制度が貧弱で国からの支援が少ないこともあって、個人が寄付をするという習慣が社会に根付いていることは確かだと思います。さらに言えば、キリスト教の影響もあって、富める者も貧しき者も自分のできうる範囲内で助け合うという文化が存在しているということもあるでしょう。

でも私は資産家が寄付をする理由としては少し違う意味があるのではないかと思っています。それは寄付が「自分の税金の使い途《みち》を指定する」ことになるからです。そしてこれが、資産家が寄付を好む3つ目の理由なのではないかと思います。

高い所得の人は当然、税金もたくさん払っているはずです。税金をたくさん払えば払うほど、自分が納めた税金がどのように使われるかについての関心が高くなるでしょう。日本でもアメリカでも寄付金控除という制度がありますが、これは寄付した分の税金を減らしてもらえると解釈している人が多いと思います。しかしながら私はちょっと違った見方をしていて、それが「自分の税金の使い途を指定する」ということなのです。

具体的に考えてみましょう。例えば震災で被害に遭った被災地の人たちを支援するために活動するNPO法人に10万円寄付したとします。この場合、およそ半分程度は（所得税と住民税を合わせて）税額控除で戻ってきます。つまり自分は実質的には半分の約5万円しか負担していませんが、被災地のためにはちゃんと10万円が使われています。ということは残りの5万円は税金からまかなわれるということになるのです。これが「寄付が自分の税金の使い途を国に指定する」ということなのです。所得の多い人ほど税金はたくさん納めているでしょうから、たくさん寄付することでその税の使い途を自分が望む「人々を支援する」ことに使われるのであれば寄付はおおいにやるべし、ということになるでしょう。

資産形成のノウハウを教える活動をする

このように一定以上の資産を持つ人々は積極的に寄付をする傾向があるわけですが、これは必ずしも金銭だけとは限りません。自分が成功してきたノウハウや考え方も人に教えてあげようという傾向があります。考えてみればこれも結構意外な行動と言えます。例えば私が取材してきた億り人たちの多くは、自分でブログを書いて自分の資産の中身やその運用についてもある程度まで公開しています。当然無料です。中には本を書いている人もいますが、それも別に、出版して儲けようとは考えていないのです。単に出版社から「そういう人が本を書くと売れるだろう」という思惑で書くことを勧められて書いているだけです。つまり彼らは金儲けのためでなく、自分のノウハウや考え方をたくさんの人に知ってもらいたいために、たとえ無料であっても情報発信を続けているのです。

でもどうして、自分の持っている大切なノウハウを人に教えてあげるなどというお人好しなことをするのでしょう。自分が苦労して身につけた資産形成の方法をそんなに簡単に教えてあげてしまっていいのでしょうか？　多分そう思う人もいるでしょう。でも、実は多くの人が勘違いしているのですが、資産形成のノウハウというのは、必ずしも特別な技術が必要なわけでもなければ、特殊な知識が無いとできないというわけでもないのです。

本書で述べてきたように、自分の収入と支出の管理をきちんとやり、無駄な支出を抑えてその分を投資に回す。そして投資をしていく中で揺れ動きがちな自分の気持ちを制御して淡々と続けていく。それが継続できれば自然と資産は積み上がっていくものです。そのノウハウは実に単純なのですが、これは誰でもできるというわけではありません。

多くの人は、

①地味なことを続けるのがなかなかできない
②価格変動に惑わされて時に不合理な行動をとってしまう
③つい消費に多くのお金を使ってしまいがち

といった傾向があるため、資産形成のための基本的な行動を続けることがなかなか難しいのです。情報発信をする「億り人」たちは、そうした一般の人たちに対して常に自分の考えや情報を発信し続けることで、言わば彼らにヒントを与え、励まし続けているのです。やるかやらないは、どこまで行っても本人次第であり、強制することはできません。したがって、「○○塾」みたいな組織にしてお金を取って教祖様然としているような〝億り人ブロガー〟などというのは今まで見たことがありません。

これもやはり、「自分の思いを共有してくれる人を増やしたい」という非地位財を好む傾向の表れと言えるのではないでしょうか。

昔から言われる格言に「情けは人のためならず」というのがあります。人に何か良いことをしてあげるとそれはめぐり巡って自分に良い結果をもたらすようになるというのがその意味です。我々は資産を形成した人は自分の儲けばかりを考えるがめつい性格の人ばかりだと思いがちですが、本当はこの「情けは人のためならず」を実践しているのが資産家の特徴と言えるのではないでしょうか。

第3章　投資のパターン

1 〝再現性〟は重要なキーワード

誰がやってもできるということ

億り人になるための方法はひとつではありませんが、実際に自らが努力してそれを目指すにあたっては、重要なキーワードがあります。それは〝再現性〟です。再現性とは何か？『デジタル大辞泉』を見ると「科学実験などにおいて、所定の条件や手順の下で、同じ事象が繰り返し起こったり、観察されたりすること」とあります。つまり同じことをすれば結果のバラツキが少なく、同じような結果になると言い換えても良いでしょう。結果として科学技術の世界では、再現性を伴うものが法則となり理論が形成されていくことになるわけです。

これは資産形成においても同様です。資産を作る方法はごくシンプルに言ってしまえば、①働いて稼ぐ、②稼いで得た収入を貯める、③貯めたお金を増やす、という3つしかありません。この内、①の「働いて稼ぐ」ことは自営業においては実に多様ですし、商売を行う上での才覚が大事ですから、心構えや習慣における法則性はあるものの、誰がやっても同じような結果が生まれるという再現性はなかなか難しいと思います。ところがサラリーマンの場合は、それほど差がつくわけではありません。もちろん役員になるのと平社員のままでは生涯年収に大きな差が出てきますが、それでも自営業や企業オーナーほどの差は生まれてこないでしょう。それに会社の仕事には一定のルールや手法がありますから、それに沿ってやれば、一定の地位を得ることはそれほど困難なわけではありません。つまりサラリーマンにおいては「働いて稼ぐ」ことにも一定の再現性はあるということです。

貯めるにもちょっとした工夫は必要

では②の「稼いで得た収入を貯める」というのはどうでしょう? これについては職業を問わず、かなり再現性は高いと言えます。そもそも〝貯める〟わけで、〝増やす〟ではありませんから、誰にでもできます。ただし、貯めるためにはちょっとした工夫が必要です。入ってきたお金を片っぱしから生活費に回し、余ったお金を貯めるという方法ではまず貯めることは不可能です。したがって前章でも取り上げましたが、最初に給与天引きなり自動引き落としによる積立なりの方法を使って、貯める分をあらかじめ引いておくことが必須です。これについては後ほど実例を交えて詳しくお話しします。

さらに必要な工夫は、これも前章で取り上げましたが、収支の管理です。ここでは単に倹約ということではなく、もう少し支出の意味や目的を考えて無駄な出費が存在しないかをチェックすることが必要です。そうしないと一定額を天引きして貯めるということもいずれは難しくなってくるからです。私がインタビューした億り人の人たちは資産をこしらえる方法は様々であるものの、その元手となる資金を作るために「支出管理」をしたという点では等しく共通点がありました。

投資における再現性

最後に③の「貯めたお金を増やす」というのはどうでしょうか。実はここが一番難しいところです。本書でも本章を使って、これをおこなうための基本的な考え方、そして第4章では実際にそれを実現した人たちの体験談を紹介しようと思っています。

具体的に「貯めたお金を増やす」方法は何かと言えば、投資することです。事業への投資、有価証券への投資、不動産への投資といった具合です。これも先ほど同様、自営業の人の場合は事業への投資、それも本業への投資が中心ですから、様々でしょうし、サラリーマンの場合は事業へ投資するというのは副業をすることになりますので、これも誰もができる環境にいるわけではありません。したがって、事業への投資は再現性という点では必ずしも有効とは言えないでしょう。

だとすれば有価証券や不動産への投資ということになります。ただどんな投資をするにしても、その方法に再現性があるのかどうかは非常に重要なポイントです。例えば株式投資を考えた場合、「億り人」になった人たちの中にはトレーディングで成功したという人もいます。むしろ市販されている投資の成功本にはそういうものがかなり多いように思います。また株式投資経験の無い人から見ると、日々売買を繰り返して利ざやを得ることが株式投資だというイメージもあると思います。しかしながらこれは第1章でも述べた通り、普通に仕事をしている人にとってはなかなか難しいことです。それに株価というものは短期的にはランダムウォーク（101ページ参照）をするため、値動きは読めませんので、投機的要素が強くなります。したがって、短期トレードでずっと儲け続けるというのは、幸運が重なった場合か、ごく稀な才能を持った人だけでしょうから、これも再現性はあまり無いと考えるべきでしょう。

相当がんばっても時給はアルバイト賃金以下?

実際、短期トレードで成功した人というのは株式投資家全体の中ではごくわずかです。仮にまずまずの成績を上げたとしても手取りでみるとたいしたことはありません。もし自己資金を1千万円持っている人がデイトレードで年率20%をコンスタントに稼いだとしましょう。市場の状況にもよりますが、平均すると20%の収益を上げるというのはかなり良い成績です。元金が1千万円だとすると利益は200万円です。その中から税金が約20%、40万円ほどかかりますので、手取りの利益は160万円ということになります。この金額を稼ぐためにどれぐらいの時間を費やすのかを考えてみましょう。

少なくともデイトレードをしているわけですから、相場が立っている間はモニターから目を離せません。1日5時間、立ち会い日数を年間245日とすれば合計時間は1225時間となります。もちろん、チャートを見て研究したり、『会社四季報』や企業の財務情報などから情報を入手したりもするでしょうから、それに使う時間を1日1時間とした場合、これに365時間が加わりますから合計すると1590時間になります。ということは時給に換算すると1006円ということになります。これならファストフード店での学生アルバイトの方が時給は高いでしょう。

毎日の値動きに神経をすり減らし、決断する日々を送りながら稼ぐ金額がファストフードのアルバイトと大して変わらないのであれば、あまり割の良い稼ぎとは言えないでしょう。もちろん優秀なデイトレーダーであれば年率20%どころではないという人もいるでしょうが、前述したようにそういう人はごくわずかですから、一定の条件を与えられれば誰もが実績を出せるという再現性には大きな問題があると思います。

では、投資で再現性のある成功方法とは一体何なのでしょう？　詳しくは次節以降で個別にお話ししたいと思いますが、大前提は「長期での運用を前提とすること」そして「取るべき時にリスクを取る覚悟」だと思います。もちろんこれは投資のみならず事業をおこなう上でも同じことなのですが、この2つは欠かせない要素です。

ただし、再現性のある方法でやれば必ず成功するかというと、そういうわけでもありません。たしかに成功する確率は高いでしょうが、現実にその方法、「長期運用」「リスクを取る」ことを実行できるだけのメンタルの強さが必要だからです。実際、多くの人にとって、これらはかなり心理的な面でのハードルが高いものです。そこでこの章では、主に多くの人が実践できるであろう株式や投資信託での投資を中心に長期で資産を作るための基本的な考え方についてお話ししていきたいと思います。

2　株式投資で大事なこと

個人が投資で資産を形成するための手段としては、やはり最も手がけやすいのが株式と投資信託でしょう。ただ、本書ではその具体的な投資手法について詳しく述べることはしません。株式投資の手法ひとつをとってもかなり分厚い本が一冊書けますし、実際に投資のやり方についての本は何冊も出ています。私も投資の本は何冊か書いていますが、ここではそういう技術論ではなく、その考え方と注意すべき点についてのみお話をしたいと思います。なぜなら実際に資産形成していくにあたって、まず基本的な考え方を間違えないことがとても大切だからです。

投資する目的によって考え方は異なる

ひとくちに投資すると言っても、ただ漫然と投資をするのではなく、目的を明確にすることが大切です。一般的に投資をする目的と言えばそれは「収益を上げるため」です。ただ、〝収益を上げる〟と言っても実は二通りの考え方があります。

ひとつ目は「積極的にリスクを取って儲ける」という考え方です。2つ目は「投資の収益によって自分のお金の購買力を維持する」という考え方です。ひとつ目はともかく、2つ目の「購買力を維持する」というのは少しわかりにくいかもしれませんが、要するに将来インフレになっても自分が持っているお金の価値が目減りしないように投資をしておく、ということです。積極的にリスクを取るのではなく、どちらかと言えばディフェンシブな姿勢で投資をすること。これはどちらかと言えば定年退職者や年金生活者の人が考えるべき方法です。実際、公的年金を運用している「年金積立金管理運用独立行政法人（GPIF）」もそういう考え方で運用しています。言わば前者が「増やす」ことを目指すのに対して後者は「守る」ことが中心になると言っていいでしょう。

ところが、投資で資産形成を図り、〝億り人〟を目指すというのであれば、守るのではなく、自分の持っている資産を大きく増やさないといけませんから、やはりひとつ目の「積極的にリスクを取って儲ける」やり方を目指す必要があります。そして〝積極的にリスクを取って儲ける〟ことを考えるのであれば、それなりに勉強も必要ですし、リスクを負う覚悟もないといけません。

投資手法は必ずしもひとつではない

一方、「守る」ための投資方法は比較的シンプルで、投資信託を長期に積立で国際分散投資をするか、あるいは物価連動国債や個人向け国債・変動10年といったある程度インフレに対する耐性の強い安全資産にして放っておくだけでもほぼ大丈夫でしょう。ところが「増やす」ための投資方法は、実に様々なやり方があります。この節では株式投資に的を絞ってお話ししますが、代表的なやり方としては以下の2つが考えられます。

① トレーディングによって売買を繰り返し、利ざやを取る

② 将来の成長が期待できる個別企業の株式を長期保有する

いずれの方法をとってみても、投資のやり方としてはこちらが絶対ということはありません。経験や性格によっても自分の好きな、あるいは得意なやり方は異なるでしょうから、それぞれが自分に合ったやり方をすれば良いと思います。ただし前節でも触れたように、①には注意が必要です。

ただ、一般的にはこの手法の中で①の短期的なトレードの手法ばかりが大きく取り上げられがちです。書店で見かける本の中にも「1年で資産を10倍にする」とか「あっという間に1億円を稼ぐ」みたいな本が多く見られますが、それらはいずれも短期売買によるトレーディングで儲けて億り人になる、といった内容のものばかりです。もちろん短期トレードが悪いとは言いませんが、私の知る限り、短期トレードを続けて株式で億り人になったという人はあまり見たことがありません。どうしてなのでしょうか？

短期的な株価の動きは「酔っ払いの千鳥足」

1973年に初版が出版された『ウォール街のランダム・ウォーカー』（バートン・マルキール著）という本があります。これは個人投資家のバイブルと言って良い名著です。私はこの本に書いてあることが必ずしも全て正しいとは思いませんが、一般の個人投資家にとっては、とても参考になることがたくさん書いてあります。この本のタイトルに使われている「ランダム・ウォーカー」という言葉は酔っ払いのように千鳥足であっちこっちへ行ったりして行方の定まらない動き方をする人のことを指します。この本の中で著書は株価の短期的な動きはまさに「ランダムウォーク」でどちらを向くかわからない、ということを言っているのです。つまり短期的な株価の動きは全く予想できないと言い切っています。でもこれは考えてみると当然です。

イギリスの経済学者ケインズが「株価は美人投票のようなものだ」と言いましたが、ここで言う美人投票というのは「自分が美人だと思う人に投票する」のではなく、「誰が美人コンテストで優勝するかを当てる」ということを指します。すなわち一番多くの人が美人だと思った人を当てる、ということですから、自分の主観は関係ありません。他の人がどう思っているかを当てるわけです。つまり人がどう思うかを洞察し、読まなければならないのです。だからこそそれを予測するのは困難なのです。

もちろん何百万人もいる投資家の中には天才的な能力で短期的な株価の動きを洞察し、短期売買で利益を上げ続けている人も全くいないわけではありませんが、恐らくそういう人は数万人に一人でしょうから、前節でお話しした「再現性」という点では難がありますしたがって、普通の人が株式投資で資産形成をするにあたって最も再現性があり、かつ高い実績をあげ得るのは②の成長株の長期保有だと思います。現実に株式投資で資産を作った人たちで最も多くの成功事例はこのパターンです。

株式投資で唯一絶対正しいたったひとつのこと

ではなぜ、成長する企業の長期保有が良いのかということです。株式投資については様々な考え方や理論がありますが、唯一絶対正しいことは何かというと、「株式の価値は、その企業が将来にわたって生み出す全てのキャッシュフローの現在価値の合計」ということです。わかりやすく言えば、企業の価値とは「稼いで利益を生み出す力」のことであり、それを「将来にわたって継続することができるかどうか」です。「短期的な動向＝人の心の動きを読む」のは難しいですが、企業の稼ぐ力と将来性については、ある程度企業財務の勉強をすれば予測することは不可能ではありません。

実際、株価というのは短期的にはその時々の人気によって動きはブレますが、長期的にはその企業の利益の増え方と一致していきます。①のやり方はその人気を読むことであり、②は利益の増え方を考えるというやり方です。前節でもお話ししたように①の方法の場合、自分の生活のかなりの時間を費やさないと難しいでしょう。普通の人が仕事をしながらするには無理がありすぎます。やはり多くの人にとっては②の方法が適切だと考えるべきでしょう。

ただし、そのためにはある程度の勉強をする必要があります。株式投資は楽して儲かる方法ではありません。それなりに自分で色々調べ、自分の頭で考えて、考え抜かないと利益を得ることはできないのです。さらに言えば、短期的な株価の動きに惑わされず、長期に保有してその成長性を享受することが大切です。例えばアメリカのAmazonが上場したのは1997年5月ですが、その時の株価は1・73ドルです。直近、2021年8月11日の株価が3292ドルですから、24年間でおよそ1900倍になっています。24年前にまでさかのぼらなくてもリーマンショックで下げる前の2008年8月には80ドルぐらいでしたから、そこから見ても株価は41倍になっています。仮にリーマンショック前に100万円投資していたら、その直後に暴落していますが、現在まで10年あまり保有することで4千万円を超えています。つまり短期的には大きく下落することがあっても長期的に成長する企業の株を保有し続ければ報われるということなのです。要はそういう企業を見つけることが大事なのです。

参考までに株式の長期保有で資産形成するために知っておくべき基本的な知識が書かれた本を数冊紹介しておきます。ひとつは『ビジネスエリートになるための教養としての投資』（奥野一成著）、そしてもう一冊が『真のバリュー投資のための企業価値分析』（柳下裕紀著）です。株式投資で資産形成を果たし、億り人になりたいということであれば、書店に積んである短期トレードの本ではなく、こうしたしっかりした書籍で勉強することが必要だと思います。言うまでもありませんが、これらの書籍は書店で見かける「こうすれば億り人になれる」という類いの本ではありませんし、読んだからといって必ず投資で成功するというわけではありません。ただ、投資について正しい基本知識を持っておくことが大切だということです。

「暴落した時に売る」は絶対にやってはいけない

株式投資で資産形成を図ろうということであれば、短期ではなく長期投資の構えで臨むことが大切だということをお話ししてきましたが、最後にこれだけは絶対にやってはいけないということがあります。それは「暴落した時に売ること」です。

人間というのはメンタルの弱い存在です。多くの場合、人に行動を起こさせる動機として最も強いのは「欲」と「恐怖」です。中でも「恐怖」が強い影響を与えます。株価が何らかの理由で暴落している時はまさに恐怖の真っ只中です。これは経験した人でないとわかりませんが、日々株価の下落が続くと、居ても立ってもいられなくなるという人が多くなります。何とかその恐怖と苦しみから逃れたい、そのためには株を売れば良いと思うようになります。かくして暴落した時ほど人は恐怖から逃れるために売ってしまいがちになるのです。

でも株式の長期投資でそれをやってはいけません。20年とか30年という時間の流れで見れば、暴落なんて一瞬の出来事です。前述のAmazonでもリーマンショックが起きる前は株価が80ドルぐらいと言いましたが、その1ヶ月後にリーマンショックが起きてその後3ヶ月ぐらいで株価は半値の40ドルぐらいになりました。そこで恐怖に駆られて売ってしまったら投資したお金が半分になって戻ってきただけですが、そこで売らずに持ち続けた場合、3200ドル以上になったのですから、自分の出したお金は40倍以上になっています。

これはたまたまだろうと言われるかもしれませんが、◯◯ショックと言われる時には往々にしてそういうことは起こります。例えば2020年3月にコロナ禍であっという間に日米共に平均株価は35%ぐらい下がりましたが、そこから1年も経たないうちに下げた値段からは倍ぐらいになっています。要は、そういう市場の変動には関係なく、長期的に利益が成長する企業を探すのが、株式投資で成功するための最も重要なことだと考えた方がいいでしょう。前述した書籍もそのためのひとつの参考として挙げました。

3　投資信託への投資で守るべき3つのこと

最近は投資信託で資産形成しようという人が増えてきています。実際に第4章で紹介する億り人の中にも、投資信託で大きな資産をこしらえた人はいます。昔であれば考えられなかったことですが、初心者は株式よりもむしろ投資信託を使って投資を始めるという人も多いぐらいです。

そもそも投資信託というのは株式や債券をパッケージにして投資するものですから、その中身についてある程度わかっていないと、「自分が何に投資をしているのかがわからないままにお金をつぎ込む」という投資で一番やってはいけないことに陥りかねません。したがって、本来は株式や債券についても勉強し、株式投資も同時に経験することが好ましいと私は思います。

とは言え、そんな時間的余裕の無い人であれば投資信託で資産形成をするというのもありでしょう。そして投資信託の最も大きな目的は分散投資によってリスクを小さくするということですから、自ずと株式への投資とはその扱い方が異なってくるのは当然です。そこを間違えないようにすることが大事です。前節で投資の目的は「積極的にリスクを取って儲ける」という考え方と「自分のお金の購買力を維持する」というやり方の2つがあるというお話をしましたが、若い人で投資信託を使った投資を始めている人は恐らく前者の考え方でしょう。しかしながら最近よく言われる「草食投資」というのは、どちらかと言えば、積極的にリスクを取るというよりもコツコツと積立をして資産形成を図ろうという考え方ですので、前述の2つの目的のまあ中間ぐらいと言っても良いかもしれません。いずれにしても投資信託で大きく資産を増やそうということであれば、いくつかの守るべき基本は知っておいた方が良いと思います。ここではその基本的な考え方を3つの観点からお話ししたいと思います。

大切なことは投入する金額の多寡

最近、投資信託はごく少額でも買えるようになりました。以前は最低でも1万円だったものが、最近では千円とか百円でも購入することができます。しかしながら、千円でも百円でもできるというのは販売業者が心理的なハードルを下げるためにアピールしている謳い文句であって、本当にそんな金額で資産形成なんかできるわけがありません。仮に毎月千円ずつ積み立てても年間1万2千円です。10年間で12万円、50年続けても60万円ですから住宅の頭金にすらなりません。あくまでもそういう単位で投資をするのは勉強のため、〝経験〟を積むためと割り切らないといけません。

実際、投資信託で資産形成しようと思った場合、最も大切なのは投入する金額です。仮に毎月1万円ずつ積立で投資をし、年利3％で運用できたとしても1億円を達成するには128年かかります。毎月5万円ずつ投入しても68年です。毎月10万円ずつつぎ込んでようやく1億円に達するのは46年後ですから、かなり気の長い話になります（いずれも現行の税率で計算）。事実、投資信託の積立で〝億り人〟になった人というのはそれほど多くはいませんが、それらの人に共通することは何と言っても投入額を増やしていったことに尽きます。

そもそも投資信託は多くの人が共同でお金を出し、ひとつのまとまった塊にして分散投資をおこなう仕組みのものですから、直接株式に投資する場合に比べればリスクは小さいと言っても良いでしょう。言うまでもなくリスクが小さいということは結果のブレ幅が小さいということですから、大きく上昇して高いリターンを得ることも難しいのは当然です。したがって、本当に大きな資産を作ろうということであれば、毎月少額のお金をコツコツと投資信託で積立をするだけではまず実現することはできないでしょう。大切なことは支出を適正化しながら、投資に回すお金を増やしていき、可能な限り投下元本を増やして積立をするということです。

言うまでもありませんが、定年退職者のように「自分のお金の購買力を維持する」ことを投資の主目的にするのであれば、投資元本をやたら増やす必要はありません。自分がリスク許容できる範囲内で積み立てていけばいいでしょう。私も投資信託の積立をしていますが、年齢は69歳なので、それほど多くの金額は投入していません。でも投資信託を継続的に購入していくことで億り人になりたいのであれば、まず知っておくべきことは**「支出を管理して毎月の投資可能資金を増やすこと」**です。

暴落した時が明暗を分ける

また、投資信託で大きな資産を作って億り人になろうということであれば、基本は積立投資であったとしても、どこかの時点では、やはりリスクを取る覚悟が求められます。私が今までに取材した人たちの中で、投資信託によって大きく資産を増やした人は多かれ少なかれどこかの時点で覚悟してリスクを取っています。

具体的に言えば、少しずつ積立投資をしていたとしてもリーマンショックのような大幅な下落が起きた時には普段の積立金額よりもかなり多くの金額を投資することです。もちろんそのためには資金が必要です。積立投資の場合は毎月一定金額が銀行口座から自動的に引き落とされて購入します（場合によっては給与天引きという場合もあるでしょう）。ところが少しまとまったお金ということになると給料からでは無理ですから、それまで預金などの形で蓄えていたお金を投資に振り向ける必要が出てきます。これはとても勇気のいることです。そうでなくても市場が大きく下落している時は不安な気持ちに苛《さいな》まれます。売らずにじっと辛抱するだけでもかなりの忍耐力が必要でしょう。ましてやそこで新たにまとまった資金で投資するというのは相当な勇気が必要です。でもそれをしなければ資産を大きく増やすことはできません。いつの時代でも大きな資産をこしらえた人というのはそれが投資であっても商売であってもどこかの時点で何らかの大きな勝負を何度か経験してきています。リスクを覚悟しない限り高いリターンは得られないというのは永遠の真実だからです。したがって大事なことの2番目は**「あなたはリスクを取れる勇気がありますか」**ということなのです。

Stay in the Marketという知恵

投資信託を使って長期に資産形成する場合、大切なことの3つめは市場から出たり入ったりせず、**「市場に居続けること」**です。出たり入ったりするというのはどういうことかというと、売買を繰り返すことを言います。これに対して「市場に居続ける」というのは買った投資信託を売らずに持ち続けることです。ところがこれができずに売買する人は結構多いのです。よく、「じっと持っているだけじゃあ能がない。高い時に一旦売っておいて安くなったらまた買えば良いじゃないか」と言う人がいますが、実際にはそんなにうまくいくわけはありません。高い時は「もっと上がるんじゃないか」と思って売りそびれるのはよくあることですし、逆に下がると「まだ、もっと安い値段で買えるんじゃないか」

といった気持ちになりがちですから、そんな絵に描いたようにうまく売買などできるはずがないのです。たまたまできたことがあったとしてもいつも100％成功することはまずあり得ません。

投資に関する書籍の中では不朽の名著のひとつと言われている『敗者のゲーム』（チャールズ・エリス著）という本があります。その中にこんな事実が綴られているのです。

アメリカの代表的な株価指数であるS＆P500の1982年から2000年までの18年間にわたる値動きを詳細に調べてみると、18年間（＝6570日間）の内、最も株価が上がった上位30日だけで実に上昇幅の4割近くを占めているのだそうです。つまり、もし仮にその30日間だけS＆P500に投資する投資信託を持っていたら、ごく短期で大幅な利益を得ることができたものの、もしその30日間、市場に居なかったら（保有していなければ）収益の4割は失われたことを意味します。ところがこの30日間がいつなのかは事前には絶対にわかりません。それにこの30日間というのは連続しているわけではありません。18年間の間、ところどころに散らばっているのです。したがって、この30日間を逃さないようにするためには持ち続ける、すなわちずっと**「市場に居続けること」**が大切なのです。

最近のコロナ禍におけるStay at HomeをもじってⅠ言えばStay in the Marketという知恵を持つことが重要ということになります。

また、これは投資信託に限らず株式でも同じことですから前節でも詳しくお話ししましたが、投資において最もやってはいけないことは、暴落した時に売ることです。これは評価損が実現損に変わるだけでなく、そういう場面で売ってしまうと、なかなか市場に戻ることができなくなるからです。したがってその後に株価が回復する局面での収益も逃してしまうことになります。本来なら2番目のポイントでお話ししたように暴落時は「買うこと」が必要なのですが、勇気を出してリスクを取りに行くことができないのであれば、せめて売らずに我慢するという行動だけでも良いと思います。

前述したように投資信託の最も大きなメリットは分散投資でリスクを下げることにあります。ところが大きなリターンを得ようとすればそれなりにリスクを負わなければ不可能ですから、本来的には投資信託は「億り人」になるための方法としては必ずしもベストで

図3　国内株式、世界株式に積立投資した場合のパフォーマンス（2021年3月時点）

積立開始	1991/3末	2001/3末	2011/3末
積立総額	360万円	240万円	120万円
世界株式（MSCI ACWI）	1421万円	678万円	244万円
倍率	3.9倍	2.8倍	2.0倍

（参考）

国内株式（東証一部）	630万円	445万円	200万円
倍率	1.8倍	1.9倍	1.7倍

※表は開始日から終了日まで、毎月初に1万円ずつ、国内株式、世界株式に積立投資した場合の最終金額を計算しています。
※運用コストとして2020年12月末時点のイボットソン・アソシエイツ・ジャパンの分類に基づく各資産の平均信託報酬率（日本籍公募投信の信託報酬の純資産総額加重平均値）を、全期間に対して控除しています。運用コスト（年率）：国内株式:1.1%、世界株式：0.2%
※利息・配当等は再投資したものとして計算しています。
※過去のパフォーマンスは将来のリターンを保証するものではありません。

データ出所:世界株式
⇒MSCI ACWI（Morgan Stanley Capital International）

あるとは言えません。しかしながら、過去30年にわたって、毎月1万円ずつグローバルに分散する投資信託を積み立てていれば約4倍となっています。図3にもあるように1991年3月から2021年3月まで30年間、1万円の積立を続けた場合積立額累計は360万円ですが、2021年3月時点での評価額は1421万円です。仮に積立額を毎月5万円でしていれば7100万円になります。これは世界中に分散投資をした結果ですが、もし仮にアメリカのS&P500だけに投資をしていれば更に増えていたかもしれません。

このように、たとえ投資信託のように個別株に比べて価格変動のブレ具合がそれほど大きくない投資手法でも①投下金額を増やすこと、②暴落した時に買い増しをすること、そして③保有し続けることによって、一定の成果を出すのは可能と考えて良いでしょう。投資信託だけで億り人になるためには、ある程度の資金を投入することが必要ですが、長期の構えで運用することによって十分可能性はあると思います。第4章では実際に投資信託で億り人になった人の実例も紹介します。

4　不動産投資をやってみる

私は長年証券会社で個人投資家の投資相談を受ける仕事をしてきましたので、株式や投資信託等の有価証券に対する投資には詳しいですが、不動産投資というのは自分ではまったくやったことがありません。持ち家を取得した時に住宅ローンを組んだぐらいが不動産との関わり合いの全てですので、不動産自体を投資の対象としたことはないのです。

ただ、亡くなった父が不動産仲介の仕事をしていたことがありましたし、周りには不動産経営をしている人も見てきていますので、まったくなじみがないというわけではありません。今回も不動産投資家の人たちに話を聞いていくにつれ、不動産投資の基本というか、不動産に投資をするのであれば、こういう考え方は知っておいた方が良いだろうなということがたくさんありました。そこで、実際の不動産投資のノウハウについてはその分野の専門書籍に譲るとして、本書ではその重要な考え方に絞ってお話をしたいと思います。

株式投資も不動産投資も大事なことは同じ

不動産投資で成功した人に話を聞くと、どなたも同じことをおっしゃるという共通点があります。そして面白いことにそれらの重要なポイントは、実は株式投資でもまったく同じことが言えるのです。それらのいくつかについてまずお話ししたいと思います。

① 不動産投資は誰でもできるけど甘く見てはいけない

これこそまさに私が株式や投資信託等への投資で一番重要だと考えていることです。不動産投資も他の投資と同様、楽をして儲けることはできないということです。不動産に投資をするというのは単に値上がりを期待して買うのではなく、「賃貸業」という事業の経営をおこなうことと言って良いでしょう。したがって大事なのは収益率、つまり投下した資本に対して家賃収入がどれぐらい入り、利回りがいくらぐらいになるかということです。安く買うことができれば当然利回りは高くなる可能性は高いですが、入居者が少なければ収益は上がりません。入居率を上げるための工夫や努力も大事です。

株式投資においても銘柄の良し悪しを判断するためには少なくとも決算書ぐらいは読める必要がありますが、不動産についても経営者としての判断や能力が求められるということになります。買えば後は何もしなくても安定的に利益が出るというわけではないのです。

② 投資対象の選別が最も大事

株式投資では銘柄の選定が一番重要です。投資しようとしている企業がおこなっている事業が高い付加価値を持っており、将来にわたって永続的に価値創造ができる企業かどうかを判断することです。もちろん株は、ごく短期的な株価の動向を見ながら売買し、利ざやを稼ぐという方法もありますが、それは前にも述べたように、運に大きく左右されますので、やはりその企業が生み出す価値をいかに見極めるかが重要です。不動産投資においても物件の選定が何よりも大切だと言います。

そのためには様々な本を読んだり、セミナーに参加したり、不動産投資で成功している人の話を聞くことも必要でしょう。多くの情報を集め、物件を見極める目を養うことが、良好な物件を選ぶことにつながります。株式の場合であれば企業業績が変動するため、買った後も状況が大きく変化することはありますが、不動産の場合は、物件が持っている収益性というのは株式ほど大きく変化することはあまりありません。したがって、良い物件を購入することができれば、その時点で成功するかどうかはかなりの割合で決まると言っていいでしょう。それだけに物件の選別は非常に重要です。

③　割安なものを買う

これは株式も同じですが、実体価値に比べて市場で付いている値段がかなり割安な状態になっている場合があります。特に不動産は株式のように市場での集中取引ではなく、相対取引が原則ですから、価格はその都度交渉で決まります。どうしても換金の必要が出てきた時は相当安くしないと売れないため、時には驚くような価格で売り出される物件もあると言います。不動産投資家で成功した人の多くは、そうしたきわめて割安な物件が出てくるのを探し、それが出てくるまで待つという地道な努力をしています。

不動産も基本は長期投資という性格を持っていますから、焦って買うのではなく、市場において何らかの理由でミスプライシングされている物件を見つけることが大事だと思います。知人の不動産投資家の方は、そのためには不動産価格検索サイトで毎日価格を見ていて値頃感を覚えておくことも大事だと言います。

④　購入の相談は業者にしない

このお話を聞いた時は思わず笑ってしまいました。株式や投資信託の投資の場合と全く同じだからです。ただ、前述したように不動産は相対取引であるため、地元の不動産屋さんと親しくなっておくことは必要でしょうし、専門家としての知識や経験もありますから、投資家にとっては不動産業者の人は大切なパートナーではあります。でも不動産業者の役割は購入者の利益を最大化することではなく、物件を売ることで手数料等の利益を得ることです。だとすれば、ここでも株式や投資信託の投資をする場合の大原則、「購入するところに相談をしてはいけない」というのが当てはまるのではないでしょうか。

購入の検討はあくまでも自分の自己責任においておこなうべきですが、それでも何らかの相談をしたいということであれば、先輩の不動産投資家で経験豊富な人に聞く方が良いのではないかと思います。

不動産投資における固有の特徴

不動産投資の場合、他の投資と共通する点は多いものの、一方では他の投資にはない、不動産固有の特徴というのもあります。それらがどういうものかについて考えてみたいと思います。

① 借り入れで購入する

他の投資と不動産投資の決定的な違いは、不動産の場合、銀行からお金を借りて購入するのが一般的であることです。株式投資も一部には信用取引のように与信を受けて購入するケースがありますが、これは例外、しかも短期です。ところが不動産の場合、よほど資金に余裕がある場合以外は、まず借り入れを起こすことになります。

ここで重要になってくるのが、銀行からどうやってお金を引っ張ってくるかということです。不動産市況が活況になってくるとお金は借りやすくなるでしょうが、その時は全体に価格が高くなっているでしょうし、逆に安くなって購入するには良いタイミングでもそういう場合は得てして借り入れが難しいということになりがちです。したがって、金融機関との付き合い方も不動産投資家の人にとっては決して軽んじてはいけないことだろうと思います。

また、同じ借り入れでも個人が利用する住宅ローンと不動産投資ローンでは金利が全然違うことも知っておくべきです。

② リスクの意味が違う

有価証券投資で「リスク」と言えば、それは「結果の不確実性」のことを言います。投資である限りリスクはゼロにはできませんが、分散投資をおこなうことによってリスクを小さくすることはできます。

これに対して不動産投資の場合のリスクというのは「大きな損失の生じる可能性」のことを言います。例えば地震や水害などの災害、何らかの原因による火災、また物件に住む人の自殺や殺人事件の発生、そして家賃滞納や空室が埋まらないといった事柄が挙げられます。こうしたリスクへの対応は考えておかねばなりません。こうしたリスクの一部については保険で対応することもできますし、管理会社などと相談しながら対応していくこともできます。価格変動のような「結果の不確実性」はまったく読めませんが、「損失の生じる可能性」で、どんな事象が該当するのかが事前にわかっていますから、それらについては経営者として準備をしておくことでかなりの部分を解決することができると思います。

③ 家賃収入が主な収益になる

長期に保有していて結果的に値上がりして売却益を得られることもありますが、不動産投資の基本は家賃収入の利回りです。したがって、投資家と言っても事業経営の側面が強いわけです。株式投資が短期か長期かは別として、企業価値の向上で売却益を得るのが第一の目的であることを考えると、やはり不動産投資は有価証券投資に比べて少し異質なところはあるでしょう。家賃収入も空室率とか家賃水準が変化することはあるものの、他の投資収益と比較すると割と安定している性格のものですから、不動産投資をする人はそういう部分に魅力を感じているのではないでしょうか。

好きこそものの上手なれ

これまでお話ししてきた不動産投資の考え方や特徴は、不動産投資家のみなさんの多くが共通して指摘されていることですが、実際のやり方ということになるとかなり千差万別で、投資家によってそのやり方は株式投資以上にバリエーションがありそうです。

都心部の小規模な中古マンションのみを投資対象としている人、郊外物件を専門にする人、自分の住むエリアの中でしか投資をしない人等様々です。また、収益の効率性を考えて金額の大きい一棟買いしかやらないという人もいれば、安いボロボロの案件を底値で買って自分で修繕して借り手を見つけるのが得意という人もいます。

これは全ての投資において共通して言えることですが、最終的には自分の勝ちパターン、得意なやり方を見つけることが一番だと思います。最初の内は、それがどういうやり方なのかがわからないでしょうが、色々な人に話を聞く内に自分の性格に合ったやり方というのが次第にわかってくると思います。

「はじめに」でもお話ししたように、どんな投資でも決して楽をして儲けることはできないというのは真実ではありますが、押さえるべきポイントをしっかり押さえ、やるべきことをちゃんとやっておけば、サラリーマンをやりながら大家さんとして不動産収入を得ることは必ずしも難しいことではないだろうと思います。

さらに言えば、これは株式投資でも同様ですが、好きでないと続かないということでしょうね。前述した通り、不動産投資というのは事業経営という側面が強いため、調査や交渉、管理やメンテナンスといったことが重要視されます。例えば前述のように不動産情報を小まめにネットでチェックしておくとか、古い物件を購入したら、自分で色々手直しをして良い借り手が付くように工夫するといったようなことが好きでたまらないという人の方がうまくいくと思います。逆に言えばそういうことが面倒であまり好きではないという人は不動産投資には向いていないと言えるでしょう。

そしてこれは株式投資も同様で、『会社四季報』が出たら隅から隅まで数日間かけて熟読するという人もいますし、保有している企業の決算短信や有価証券報告書は欠かさずチェックをしている人も多いです。いずれも〝好きこそものの上手なれ〟という格言が当てはまるだろうと思います。

次章では、具体的な事例としてサラリーマンとして働いて給料の範囲内で生活をしながら、一方では不動産投資をおこなって着実に資産を形成している人についても紹介をしたいと思います。

第4章　「となりの億り人」インタビュー
——4人の事例に学ぶ

「米国株で資産形成してＦＩＲＥを実現！」

投資ブロガー　エルさん（ハンドルネーム）

さて、ここからは実際に〝億り人〟になった人の実例を紹介したいと思います。ここで登場する人たちはいずれも純資産で１億円以上を現役時代に達成した人ばかりです。ただし、そのやり方は様々で億り人への道はひとつではないということがよくわかります。

最初に紹介するのは米国株で資産形成を果たした投資ブロガーの「エル」さんです。エルさんは、人気ブロガーであると共にツイッターでも約２万人のフォロワーがいます。読者のみなさんの中にもエルさんの記事やツイートを読んだことがある人がいるかもしれません。そして今年になってエルさんは書籍を出版しました。『英語力・知識ゼロから始める！【エル式】米国株投資で１億円』という著書で、発売と同時に重版になるという大変な人気です。そんなエルさんに会って、じっくりとお話を聞いてきました。

「普通の平均的なサラリーマンでした」

エルさんは現在54歳、1990年、関西の私立大学を卒業して金融機関に勤務し、2019年の1月に51歳で早期退職をした元サラリーマンです。

会社に入った1990年と言えばまさにバブル経済の真っ只中です。やはりエルさんも当時の人気業種だった金融機関を目指したのでしょうか?

「特に金融機関に絞っていたわけではなく、総合商社とかグローバル製造企業にも魅力がありました。でも結局仕事を通じて、金融と経済を一番ダイレクトに感じられるのが金融機関ではないかと思って就職することにしたのです」

「転勤は何度かありましたが東京勤務がほとんどで、それも大企業との取引がメインの仕事でした。金融機関に勤めていたと言っても、部署によっては株式投資が一切できないというところもありますので、特に投資するのに有利だったというわけではありません。ただ、仕事の上で財務諸表の見方を勉強することができたのは今から思えばアドバンテージだったように思いますね」

「でも平均的な普通のサラリーマンだったと思います。ずば抜けて仕事ができたというわけでもありませんが、担当した仕事はしっかりやってそれなりの成果も出してきましたし、30代半ばで管理職になったので、本当に平均的と言っていいでしょうね」

そんなエルさんが投資を始めたきっかけというのはどういうことだったのでしょうか。

「私の家は裕福ではありませんでしたので、小学校を卒業する時の作文にも『大きくなったらお金持ちになりたい』と書いたぐらいで、将来豊かな生活ができるようになりたいという気持ちはずっと持っていました。で、最初に株を買ったのは入社して2年目のことです。当時はおおらかな時代だったんですね。会社を休んで証券会社の店頭で口座を作り、最初に新日鉄（現：日本製鉄株式会社）とか東京電力といったそれほど価格が高くない株を買ったのが最初です。何せ当時はまだお金がなかったですからね。株だけじゃなくてアクティブ投信なんかも少し買ったりしましたが、あまり売買せずに放っておきました。市場の環境はバブル崩壊後ですからあまり良くなかったですが、運用成績はそんなに悪くなかったですね」

最初は日本株での運用を始めたエルさんですが、記憶に残っている銘柄もあるとか。

「当時、ファーストリテイリングを買ってみたんです。まだ東京に進出する前で私が30歳になる前ぐらいの頃です。これは企業内容とか成長性とかというよりもむしろユーザー視点で気に入ったので買いました。結局長期に持って5倍ぐらいになって売りましたね」

米国株投資を始めたきっかけは

それで、本のタイトルにもなっている米国株を始めたのはいつ頃からですか？

「初めて米国株を買ったのは2005年、銘柄はアマゾンでした。今まで持っていたらすごいことになっていますけど、結局持ち続けられなくて早く売っちゃいましたね（笑）」

「でも本格的に米国株にシフトしたのは2015年ですからそんなに昔のことじゃないんです。その頃、ネット証券が外国株式の特定口座対応を始めたのでそれがきっかけだったんですね」

エルさんのブログやツイッターを読んでいても米国株に対する強い思いが感じられます。米国株の良い所って具体的にどういう点なのでしょうか？

「やっぱり世界の超優良企業はアメリカに集中していますからね。株価は上がっているけど業績や成長も伴っているので、それほど割高ではなく、安心して投資できます。それにひと言で言うと、業績と株価の関係が素直っていう感じがするんですよね。ですから現在の資産の約7割は米国株です」

資産というお話が出ましたが、現在の金融資産はどれぐらい保有されているのですか？

「今、米国株が7割と言いましたが、その米国株だけで100万ドル（約1億1千万円）以上はあります。だから他も入れると1億5千万円は超えますね。もちろん日本株もある程度は持っています。銘柄数で言えば、日本とアメリカでそれぞれ40銘柄ずつ持っていますが、金額ベースではアメリカの方がずっと多いですね」

今後も運用は米国株中心でされるつもりですか？

「そうですね、米国株及び米国のETFにも投資をしています。配当金の充実している銘柄も多いので、保有していると毎週のように配当金が入ってくるのは本当に楽しみですね。もちろん日本株についても今後も投資を続けるつもりですが、欧州や新興国、そして中国株については興味ありませんね」

「一方では、運用力の高い日本のアクティブ投信も少しですが保有しています。コモンズ投信の『ザ・2020ビジョン』などは気に入っています。インデックス投信はあまりありませんね。iDeCoで米国株のインデックスを買っているだけです」

今、配当というお話がありましたが、高配当株にシフトして失敗されたことがあるとか？

「ええ、今まで大きな失敗をしたのは高配当狙いで買った株でした。たばこメーカーのフィリップ・モリスは配当が高いことで定評がありますが、その銘柄だけで800万円損をしたこともあります。配当だけを重視していくと結構リスクも大きいので、それ以降はあまり配当自体を気にしないようにしています。でもフィリップ・モリスは配当ということではなく、ビジネスの中身が良いと判断したので、下がったところでまた買いましたけどね（笑）」

エルさんのお話を聞いていて感じるのは常に冷静でありながら、とても考え方が柔軟なことです。自分の好きな、あるいは得意な分野に絞って投資をする一方で、何事も決めつけないで多面的に考えるという姿勢が投資で成功している要因のひとつだと思います。

早期退職ではなく経済的自立を先に考えた

米国株を中心に資産形成で成功したエルさんですが、2019年に30年近く勤めた金融機関を早期退職しました。まさに今流行の〝FIRE〟を実践されたわけですが、そのあたりのことも聞いてみました。

そもそもいつ頃からFIREを考え始めたのですか？

「今の若い人が言っているようなFIREは全然考えていなかったんです。別に仕事がつまらないわけでもなかったし、それなりにやりがいもありました。でも30代半ばぐらいから、先行きを考えると『経済的自立』を考えることは大事だなと思うようになったんです。だからRE（＝Retire Early）よりもFI（＝Financial Independence）の方が先だったですね」

「経済的自立を目標とし、そのターゲットを2020年に置きました。1億円という金額は目標というよりもあくまでもひとつのメドです。でも結果としてはそれよりも早く達成して結局1年早い2019年に退職したのですけどね」

なるほど、つまり早期退職ではなく経済的自立を先に考えたと。

「ええ、その通りです。早く辞めたのは、これからやれることの選択肢を拡げたいということ、そのために経済的な不安がないという状態になったからです。それに数年前に父が亡くなったので残された母に親孝行できるのは今しかないと思いましたし、家族と過ごす時間をもっと増やしたかったという気持ちもあります」

先ほど、1億円はひとつのメドとおっしゃいましたが、どれぐらいあれば大丈夫という金額はあるのでしょうか？

「いや、金額自体にそれほど意味はありません。今まで自分が運用を続けてきたトラックレコード（運用の成果）を考えると、運用を続けていけば、あまり不安はないだろうと思っています」

早期に会社を辞めて良かったなと感じることは何でしょう？

「そうですね、サラリーマン時代に比べると、穏やかでストレスのない生活になったことは確かですね。また、考えていたように家族との時間が増えたことは本当によかったと思います。残念なのは、私は旅行が好きなので、辞めてせっかく時間ができたにもかかわらずコロナ禍で旅行ができなくなったことです」

「それから〝経済的自立〟が実現したことで、買い物をするときにお金のことを気にしなくてもよくなりましたね。もちろん、無駄なものや不要なものでないかどうかは考えますが、自分が欲しいとか必要だと思ったものであれば、あまり躊躇《ちゅうちょ》することなく買えるようになりました」

「経済的な自立」を実現するために一番大切なことは何でしょうか？

「何よりも大切なことは収支のバランスを考えることですね。常に無駄な支出がないかどうかをチェックし、そうやって投資できるお金を増やしていくことは大事だと思います。ですから私は40歳の時点で保険はほぼ全て解約しました」

第2章でお話ししたように収支の適正化や無駄な保険の見直しはエルさんもきちんとやってこられたようです。世間一般の人が考えているように短期間の株の売買で大儲けしてFIREしたという雰囲気はエルさんには全くありませんでした。

投資で心がけている3つのこと

エルさんの話しぶりはとても控えめで淡々としていましたが、言葉の端々からは自分の投資に対する強い信念のようなものがよく伝わってきました。そんなエルさんにどうしても聞いてみたいことを投げかけてみました。

エルさんが投資をする上で心がけていることは何ですか？

「投資にあたって気を付けていることは3つです。

1. 致命的な損をしないこと

2. 投資を続けること

3. リスク管理をすること

1と3は言わばウラオモテの話です。リスク管理をきちんとすることで致命的な損失を防ぐことができるからです。大事なことは『長く投資を続けていれば高いリターンを得られる』と信じているので、それを実行すること、すなわち2. 投資を続けること、ですね」

投資で大事なことは、Stay in the market（＝市場に居続けること）だというのはよく言われることですが、いくつもの暴落を乗り越えて投資を続けてきたエルさんの言葉にはとても重みがあります。

これからは海外旅行と親孝行をしたい

最後に、エルさんがこれからやってみたいことは何ですか？

「もっと海外旅行に行きたいですね（笑）。母も高齢ですから、一緒に行く機会を増やしたいです。それと今一番やりたいのは自分のやってきた経験を人に伝えたいということです。本を出したのもそれが目的ですし、取材を受けているのもそのためです。自分の持っているブログやツイッターで、他の人との接点を増やすことによって自分自身にも気付きや、まだまだやれることがわかるかもしれませんから」

「自分の経験を人に伝えたい」というのは、投資を成功させた個人投資家の人たちの多くが一様に言うことです。第2章3節で取り上げた「地位財」と「非地位財」でもありましたが、投資で成功した人はやはり非地位財に価値を見いだし、お金そのものを増やすこと以上に人に伝えてあげたいという気持ちが強くなっていくのでしょう。

取材の最後にエルさんがぽつりと話したことがとても印象的でした。

「人生を自分の〝死〟というものから逆算して考えてみたらどうでしょうか？ 今の仕事が楽しければそれが理想ですけど、そうかどうかは人によって違います。だからもう少し『今』を大事にすべきではないかと思うのです。お金以外のことも考えて新しい生活がしたくてＦＩＲＥするならそれも良し、でもそうでなければ無理にする必要もありませんね」

「投資で一番大事なのは〝待つ〟こと」

個人投資家　こん吉さん（ハンドルネーム）

「こん吉」さんは60代、中国地方に住む個人投資家で、私は彼と知り合ってからもう10年ほどになります。こん吉さんも多くの億り人と同様、親からの遺産を相続したわけではなく、個人で事業をやって儲けたわけでもありません。元々はサラリーマンとしてコツコツと投資を始め、今では4億円を超える金融資産を保有する、大成功した投資家です。

ご本人は、照れくさそうに「いや、私は運が良かっただけなんですよ」と言いますが、じっくりと話を聞くと、決して運などではなく、投資家として成功するために必要なことをきちんと実践してきています。彼は自分でSNSやブログをやっていて定期的にメッセージを発信していますが、私は彼のメッセージにはいつも強い共感を覚えます。そんな彼の考え方や行動について、普通の人が何をどう参考にすべきかについて聞いてきました。

投資を始めたきっかけは、高い住宅ローン金利？

投資を始めたのは1992年と言いますから29年の投資歴を持つベテラン投資家です。こん吉さんは元々、中国地方のある放送局でいわゆる局アナDJとして約20年間音楽番組を担当してきました。彼の担当する番組は当時大人気で、それまで低聴取率にあえいでいた時間帯の番組を一躍高聴取率に引き上げ、以後は安定的な人気を誇るようになったそうです。公開録音等の際には、サインを求めるファンの行列ができるほど若い人たちから絶大な支持を得ていました。とは言え、局アナですから、やはり普通のサラリーマンです。人気の芸能人のように莫大な収入を得ていたわけではなく、給料の範囲内で普通に生活をするサラリーマンだったのです。

そんなこん吉さんが投資を始めたきっかけは一体何だったのでしょうか？

「30代半ばで一戸建ての家を新築したんです。借り入れた金額は1700万円。ところが返済計画書に載っていた金額を見て、あまりにも金利の額が大きいのに驚きました。もちろん当時の金利は6～7％ですから今とは比較にならないくらい高かったのですが、その高金利がもたらす支払額の多さを目の当たりにし、『これは何としても早く返済しなくては！』と思ったのです」

「妻も働いていたということもあり、二人合わせた可処分所得から年間700万円ぐらいは返済に回すことが可能でしたのでがんばって返済し、2年あまりで完済することができました」

それにしても2年で返済というのはすごいですね。その間の生活は大変だったのでは？

「ええ、その間は本当に生活を切り詰めていましたね。もちろん貯金なんかできません。でもよくよく考えてみたら、6％で借りているお金を返済するということはリスク無しで6％の利回りで運用することと同じだということに気付いたのです。そこで返済が終わると同時に、それまでローン返済に回していたお金で投資を始めるようにしました」

今から考えると恥ずかしいような失敗も

「ただ、投資を始めたとはいうものの、何もわからない状態でヨチヨチ歩きですからね。

ずいぶん失敗もしましたよ」

どんな失敗がありましたか？

「証券会社の営業マンに言われるままに株式や投資信託を乗り換えたりしながら売買を続けたんです。いずれも今から思うと手数料の高いものばかりでしたね。結局、当時投資していた200万〜300万円のお金がほとんどなくなってしまった。いわゆる〝スっちゃった〟という状態ですね（笑）。あと、本当に恥ずかしいような失敗もしました。いわゆる投資詐欺ですね。健康に良い水を造るとかいう会社への投資話とかに乗ってしまったのです。今でも目の前で100万円を相手に渡した時の光景を覚えています」

「でも失敗したからわかったことも多いんですよね。要は『こういうことをしなければ失敗はしないんだ』ということがわかったのが大きかったと思います。だからやはり失敗することは大切なんです」

そんな失敗を重ねながらもうまく行くようになったきっかけは何でしたか？

「1995年頃に地元証券会社主催のセミナーに、さわかみ投信の創立者澤上篤人さんが来られたのですが、その時のお話を聴いておおいに共感しました。その直後に『さわかみ投資顧問』と契約し、後に設定された『さわかみファンド』に運用資金をどんどん移していったんです」

「私は好きなこと、興味のあることはとことん突き詰める性格なので、その後も数ヶ月に一度開催されていた澤上さんのセミナーに出席しては質問攻めにしていました。同時に投資に関する書籍も読み、自分でとことん納得できるまで勉強しましたね」

なるほど、それで、投資信託の積立を始められたんですね。

「いえ、当時はそうではありませんでした。資金ができるたびに追加でスポット購入するということを繰り返していました。でもそれまでローンを返済していた勢いでお金を投資に回していきましたから、残高は着実に増えていきましたし、マーケットの環境が良かったこともあって。さわかみファンドでは大きな含み益が増えていきました。2000年には気が付くと、私と妻の持っている金融資産が7千万円ぐらいまで増えていたのです」

ITバブル崩壊時は呆然と、何もできず…

「ところが、そんな時にやってきたのがITバブルの崩壊です。さすがにこの時は自分の資産が大きく値下がりするのをただじっと見ているだけでしたね。記録は残っていませんが、恐らくその時点での評価損の額は2千万円を超えていたはずです。今だったら、好機と捉えて大きく買い増しをするところですが、当時はそんな気持ちの余裕は全くありませんでした。ただ、澤上さんから『こういう暴落の時は絶対売ってはいけない！　むしろ買うべきだ』と言われていたので、売ることはしませんでした。さすがに買う勇気はなかったですけどね（笑）。損切りするということは損が確定してしまうということなんですよね。でも市場は長期的に見れば成長していきますから、たとえ下がっても保有し続けて待つことさえできれば心配することはないのだということを学びました」

結果として、売らなかったのは大正解だったのですね。その次にやってきた暴落が2008年のリーマンショックですね。その時はどうされましたか？

「そこでは買いましたよ（笑）。当時は株式ファンドで手数料が安いものを毎日最低10万円程度買っていました。でも暴落時に初めて買った時は恐ろしくてネットで購入のクリックをするマウスを持つ手が震えていたことを今でもおぼえています。でも慣れてくると下がったところをチャンスと考えて大胆に買えるようになり、多い時は一日100万円ずつ買ったこともありました」

こん吉さんは今でも毎日9万円ずつ7銘柄の投資信託の購入を続けていると言います。ドルコスト平均法で、毎月銀行引き落としで購入する人は多いですが、こん吉さんのように自分で購入手続きをして毎日買い続けている人というのはあまり聞いたことがありません。

「いや、私はもう仕事も引退しているので、ヒマだからできるんですよ（笑）。それにいつが買うのに良いタイミングかなんて誰にもわかりませんよね。だからとにかく少しずつ毎日買い付けていきます。たまたま昨年みたいにコロナ禍で大きく下げた時は喜んで買い増ししますけどね。あと、私は基本的には買った投資信託は売りません。売るのは運用方針に疑問を感じたものだけです。それだけ運用報告会等にも参加して丁寧に状況を聞いていますから」

それにしてもよく毎日買いを続けることができますね。現金もかなりゆとりを持っていらっしゃるんでしょうか？

「ええ、今でも資産の25〜30％ぐらいはＭＲＦ（短期金融商品などで運用される元本の安全性の高い投資信託。証券会社での普通預金のようなもの）とか預貯金といった現金に近いものを持っています。いつ暴落があるかなんてわかりませんからね。そうなってもすぐに買えるように待機資金は一定額持っておかないと、と思っています」

投資信託中心で運用を続ける理由

こんㄧ吉さんは運用資産の大半を投資信託で保有しています。これには何か理由があるのでしょうか？

「株も７％（３千万円）ぐらいは持っていますけど、ほとんどは投資信託ですね。私は銘柄を研究したりするのが苦手なんです。でも運用会社を選別するのは得意です（笑）。今までにいろんな運用会社の説明会に何度も何度も出かけ、わからないことはその場で聞いたり、運用会社に直接電話したりして詳しく聞きます。その対応を見ていたり、実際に運用会社の人が自分のお金で自分たちの商品を買っているかどうか等、聞き込んでいくと信頼がおける会社かどうかが大体わかってきます。これはあまり外れたことがありません」

具体的にはどんなタイプの投資信託が多いのでしょう？

「現時点での保有比率を書き出してみました。こんな感じ（図4）ですね。

図4　こん吉さんの投資信託保有比率

分類（タイプ）	比率
全世界株式インデックス	9%
先進国株式インデックス	4%
米国株式インデックス	10%
新興国株式インデックス	2%
国内株式インデックス	7%
インデックス型計	32%
世界株式アクティブ	4%
国内株式アクティブ	22%
アクティブ型計	26%
J-Reitインデックス	1%
個別株（国内）	7%
その他計	8%
米ドルMMF	1%
MRF	23%
預貯金	9%
待機資金計	33%
合計	100%

個別株もアクティブ運用なので、それをアクティブ型に加えると、面白いことにちょうどインデックスとアクティブと待機資金が3分の1ずつになっています。特に意識したわけではないですが、結構バランスは良いですね」

「お金が貯まったら投資を始めよう」はNG

これから投資を始める人や投資をしてもなかなかうまくいかないという人に対して何かアドバイスがあるでしょうか？

「まず一番大事なことは、自分で調べて自分の頭で考えることです。だって、家や車を買う時は自分でカタログやネットで調べて徹底的に考えて買うでしょう？　なのにどうして投資だと『誰かに聞けばいい』とか『何か儲かるものを教えて欲しい』と考えるのでしょう。それは甘え以外の何ものでもありません。だから最近の、インデックスで積立さえしていれば大丈夫という風潮には正直少し懐疑的です。少なくとも自分が投資しようとしているファンドはどういう考え方で運用して何に投資しているかはきちんと把握すべきだと思います」

「それから、お金が貯まったら投資を始めようという人もいますが、これも絶対無理ですね。なぜなら苦労して貯めたお金で投資すると、1円たりとも減らしてはならないという気持ちに陥ります。つまりリスクを取ることが怖くてできなくなるのです。でも投資はリスクを取らない限り、リターンを得ることができないというのは永遠の真理です。少額でもいいから少しずつ始めて、実際に価格の変動に心を揺さぶられながら小さな失敗を経験していくことが大切です。そうすればリスクも取れるようになりますから」

実際に自分で実践してきたこん吉さんだからこそ言える言葉には重みがあります。少し気になることも聞いてみました。

最近話題になっているロボアドバイザーとか○○ナビみたいなものはどう思いますか？

「まあ、投資のやり方は人それぞれなので一概には否定しませんが、私はそういうものは絶対にやりません。投資って実は結構理不尽なものなんですよ。一生懸命働いて得たお金で投資しても自分には何の責任もない理由で株価が下落して損してしまう。これってとても理不尽ですよね。でもそれを繰り返し経験していくことで、リスクに対する耐性が身についていくわけです。そういう体験をしないで、人間の心理的な弱さを経験せずにＡＩに任せるなんてとても無理だと思います。いずれ必ず大暴落がやってきますから、その時に◯◯ナビに任せていた人がどんな行動を取るのかが見ものです。少し意地悪ですが（笑）」

投資で一番大切な心構えは何でしょう？

「それは〝待つこと〟です。どんな暴落があっても資本主義である限り、経済は自己増殖していきますからいずれ必ず復活するのです。それを信じて待つことが大事です。必然的に長期投資になるのは自然なことです」

良質の投資家を育てたい

最後にこん吉さんがこれからやりたいことについて聞いてみました。

「やりたいというか、今既にやっているのですが、『良質の投資家を育てること』ですね。SNSやブログで情報発信を続けているのもそのためです。一人でも多くの人が『貯蓄家脳』から『投資家脳』に変わって欲しい。そう願って活動を続けていますし、今後も続けていくつもりです」

「いずれ将来に運用資産が10億円ぐらいになればボランティア団体に寄付するプライベートファンドを設立したいです。ＮＰＯや社団法人なんかだと、私1人で運営はできないし、自分のやりたいこともできないかもしれません。でも全て自己資金であれば自分の好きなところへ寄付したり、支援したりすることができます。将来的にはそういうことをやりたいと思っています」

お話を聞かせていただいた別れ際に「これから〝億り人〟を目指す人に何かメッセージはありますか？」と聞いたところ、意外な答えが返ってきました。

「どうして1億円が必要なのですか？　金額を目標にする前にまず自分のやりたいことや楽しみたいことを明確にイメージし、そのためにどれくらいお金が必要なのかを考えた方がいいんじゃないですか？　金額を目標にしてしまうとキリがありませんよ。１００万円貯まったら次は1千万円、それが貯まったら1億円という具合にどこまで行っても心は満たされません。それに、1億円なんてなくなるのはあっという間です。大事なことは自分が何をやりたいかですよ」

この答えを聞いて多くの人は「それはこん吉さんが億り人になったから言えることでしょ」と思うかもしれません。でもそうではなく「こういう考え方をしているからこそ億り人になった」と考えるべきではないでしょうか。

※ちなみにこん吉さんは、アメーバブログ、ツイッター、インスタグラムで『こん吉くんの長期投資ファン倶楽部』という名前で情報発信していますので関心のある方はご覧下さい。

「資産形成で大事なことは〝人と比較しない〟こと」

不動産投資スクール講師　東田光陽さん

現在、東田さんはファイナンシャルアカデミーという投資の考え方やノウハウを学べるスクールで不動産投資の講師をされています。

1976年生まれですから今年45歳。今回インタビューした人の中では最も若いです。私の周りには株式や投資信託へ投資をしている人はたくさんいるものの、不動産を中心に資産形成した人はあまりいません。何となくイメージ的に不動産投資をしている人は精力的に活動をしている、言わば〝肉食系〟という先入観があったのですが、東田さんとお話をしていてそんなイメージは根底から覆されました。

とても品が良く、ごく普通のサラリーマンという雰囲気の東田さんですが、現在保有している不動産の購入総額は5億円を超えると言います。お話を聞いていくうちに、ぐんぐん引き込まれるような迫力と面白さを感じ、あっという間に2時間ほどのインタビューを終えました。まずはそんな東田さんの生い立ちから伺ってみました。

ルーマニアでの貧乏体験で金銭感覚が育まれた

「父の仕事が商社勤務だった関係で5歳から12歳までは海外で暮らしました。特に小学校4年生まで暮らしたルーマニアという国での体験は強烈でしたね。当時はまだ東西冷戦中の時代で、共産圏ですからとにかく物が無い。パンは歯が折れそうなぐらい硬いし、お菓子やアイスクリームなど皆無に近い。肉も長蛇の列に並ばないと手に入らない、とまあ、普通の日本の小学生では考えられないような生活を体験できました。今思うと、この頃の体験で私の貧乏性は形成されたような気がします（笑）。あまり物欲がなく、質素な生活でも気にならない金銭感覚を持つことができたのはその後の人生でもプラスに作用したと思いますね」

確かに普通の人ではちょっと得難い体験ですが、それで優れた金銭感覚が身についたというのは素晴らしいですね。

「その後、父の転勤でベルギーに引っ越し、小学校卒業と同時に日本に帰ってきました。

帰国子女でしたので色々苦労することはあったのですが、高校生の時にラグビーを始めて、それから学校が楽しくなりましたね。大学3年生になって就職を考えるようになった時、大企業ではなくて少人数の採用しかしない会社に行きたいと思うようになりました」

それはまた、どういうわけで？

「その方がライバルが少なく、勝ち残れる確率が高いと思ったからです。言ってみれば『鶏口牛後』を狙っていたんですね。特に化学メーカーでは文系はわずかしか採用しませんので、その中で勝ち残れば社長になるのも夢ではない！と勝手に想像していました（笑）」

入社後に目の当たりにしたサラリーマンの〝不幸感〟

就職された後はどうだったのですか？

「はい。東証一部の化学メーカーに入社したのですが、配属されたのが人事部。そこでいきなり厳しいリストラを目の当たりにしたんです。財閥系の古い企業だったせいか、東大や京大を出たエリートが多かったのですが、そんな優秀な人たちが家族との生活を犠牲にして早朝から深夜まで働き続けている。でもその割に年収はたいしたことない。そして会社が危なくなるとクビを切られるサラリーマンって大変な職業だなっと思うようになったんです。実はそれが投資や資産運用に目覚めたきっかけです」

なるほど、お話を聞いているとまさに日本の〝失われた30年〟を目の当たりにしているような気持ちになりますね。

「ええ、ですからそんな光景を入社早々に見たことで、結局サラリーマンとして会社にしがみついて給料だけに依存する人生は歩みたくないと思ったんです。そう考えて２００２年、25歳の頃に現在講師を務めるファイナンシャルアカデミーの門を叩きました。当時はまだできたばかりで私は言わば一期生だったんです。実は今はやりのＦＩＲＥも視野に入れて、様々な金融機関のセミナーにも顔を出したのですが、不動産会社にしても証券会社にしても、ほとんどが自社商品をセールスするセミナーでした。そんな中、ファイナンシャルアカデミーでは純粋に投資や資産運用のノウハウを得られる、どうせやるなら生徒ではなく運営する側にまわりたい。そう思って化学メーカーを辞めて、転職したんです。当時はまだ会社が出来たばかりで、ベンチャー企業の雰囲気が漂っていて、みんなで会社を作り上げていこうという気持ちにあふれていました。それまでの会社とは１８０度違うことに驚くと共に、本当に楽しく朝から晩まで仕事をしていましたね」

そんな中でどうして不動産投資をしようと思われたのですか？

「当時は株式投資、不動産投資、そして副業で稼ぐという3つの講座があり、その全てを受講しましたが、その中でサラリーマンの給料代わりになると感じたのが不動産投資だったのです。そこで2003年、まず初めに3千万円の住宅ローンを組んで新築の分譲マンションを買いました。これは二世帯で住めるタイプだったので、広い方の部屋に住み、狭い方の部屋は貸したのです。そうすると自宅として住みながら、ローン返済額の月8万円は狭い方の家賃で返せるわけです。

二軒目は純粋な投資物件を購入しました。妻と相談した上で結婚式の費用を抑え、貯めていた結婚資金にお祝い金を加えて横浜市内に250万円の中古マンションを買いました。購入金額250万円にリフォーム代として150万円をかけ、投資総額は合計400万円。家賃が月8万5千円入ってきましたので年間およそ100万円の家賃収入となります。つまり利回りが年25%ということですね」

投資物件はネットで探す

なるほど、そのあたりから投資を始められたというわけですね。

「そうですね、少し軌道に乗り始めてからは大型物件も手がけるようになりました。例えば神奈川県にある16世帯のアパートを、1億2千万円で1棟買いしたんです。利回りは年9・3%とあまり高くはなかったのですが、入ってくるキャッシュフローが大きいのが魅力です。それに大型物件も小型物件も管理の手間はほとんど変わらないですからね」

物件を探すのはどうやってするのですか？

「ほとんどがネットからの情報ですね」

え、そうなんですか？　不動産会社と親しくなって情報を得るというパターンが多いかと思っていました。

「不動産屋さんが介入する比率をできるだけ少なくするというのが私のやり方です。定期的に不動産物件のポータルサイトを見ていると、ひっそりと売りに出されている割安な物件というのは案外あるものですよ」

でもそれが割安かどうかはどうやって見分けるのですか？

「とにかく1年間365日、1日5分でも良いから毎日、不動産情報サイトを見ることです。そうすればある特定の地域における一般的な相場と、これが底値だという値ごろ感がわかってくるんです。それに毎日ネットで見ていると昨日まで出てなかったお買い得物件が突然出てくることに気付けます。だから私は毎日ネットを見て、良い物件が出てくるまで根気よく探し続けるのです」

昨今はマンションがかなり値上がりしていますが、投資するのに良い時期とかはあるのでしょうか？

「私は、不動産の市況タイミングはあまり気にしていません。不動産は物件毎《ごと》の個別色が強いからです。売り主さんの個人的な事情で急いで換金したい物件というのは定期的に出てきます。株式市場に比べると不動産市場というのはかなり非効率で個別色の強いマーケットですから、必ず値付けミスや売り急ぎ案件がある。それをじっくりと待つことが大事ですね」

不動産投資で成功しても〝億万長者感〟はない

普通のサラリーマンが不動産投資を始めるにはまず何から勉強すればいいですか？

「勉強する方法はいくつかあります。まず本を読む、それからセミナーに参加する、そして実際に投資をやっている人から話を聞くということです。これらは基本的な知識を身につけるには有効ですが、実際のところ不動産投資のやり方というのは人それぞれで、こうすれば儲かるとか、こうすれば絶対大丈夫みたいなものはないんですよね。ただ、株式と違って不動産は融資を使って投資することができますし、株価のように日々の値動きもありませんから、普通のサラリーマンでも仕事しながらやることは可能だと思います」

東田さんが考える「不動産投資のメリット」って何ですか？

「安定的に資産を増やせますし、他の投資と違って突然の大暴落で紙切れになる心配がない点です。不動産投資というのはインカムゲインが主眼ですから、市況が悪くなっても売らずに持っていれば、あまり影響はありません。それに毎日価格変動するわけでもありませんから、株価を見て心が揺れるようなこともありません。それに、不動産の資産価値というのは金額に換算しづらいので、どんなに不動産を多く保有していても〝億万長者感〟がないんですよ。株式で儲かった人というのはつい嬉しくなってパァーっと使っちゃうということもあると聞きますが、不動産保有者の金銭感覚は普段と何も変わらない。これは不動産投資の良いところだと思います」

我々のようなバブル世代は80年代後半の不動産投機バブルをつい思い出してしまいますし、そんな時代に証券会社で営業をやっていた私は顧客の中にも不動産業者の人が多く、儲かったお金で豪遊していた光景を見てきていますから、東田さんの言葉は意外だったと同時に、今不動産投資で資産をこしらえた人は、きちんと地に足が着いたやり方をしているのだということを実感しました。

「最寄り駅の乗降客数」が成功の決め手

確かに不動産投資はインカムゲインが中心ですが、それほど簡単に入居者が確保できるものなのでしょうか？　そのあたりも聞いてみました。

「要は、物件を買う時に入居付けに苦労するような物件は買わないことですね。不動産投資においては物件と立地の選別の良否が9割以上を占めます。特に立地条件がきわめて重要です。私が物件を探す際に参考にしているのは最寄り駅の乗降客数。駅からの徒歩分数ではなく乗降客数の方が重要なんです。首都圏であれば1日の乗降客数が最低でも5万人以上は欲しい、理想は10万人ぐらいあれば、駅から遠くても問題はありません」

東田さん流のやり方は他にどんなものがありますか？

「都心・郊外・地方のどのエリアで投資するかによって投資戦略は全く変わってきますが、私の場合は郊外中心、それも東京の山手線の各駅から30分圏内をターゲットに絞っています。これなら利回りを確保しつつ、値下がりのリスクも少ないからです。あと、大事なのは同じ郊外でもマイホーム取得のニーズが低いエリアを選ぶことです」

それはどうしてですか？

「マイホームを買う人はほとんどが超低金利・35年返済の住宅ローンを利用しますから、我々投資家が手を出さないような高値でも購入してしまう。その結果、そういう人たちがそのエリアの不動産価格を押し上げてしまうということが起こります。当然投資家にとっては利回りが悪くなりますから、そういうエリアは敬遠するようにしています」

売却することはないのですか?

「いえ、そういうわけではありません。ただ、値上がり益を狙って購入するわけではないので、必然的に長期保有にはなります。売るとすれば、立地や入居付けがあまり良くない物件や、築年数が古い物件ですね。自分としては絶対に手放したくないコア物件以外に、いつでも売却して換金できる物件候補があります」

現在の資産の保有状況を教えていただけますか?

「現在保有している物件は72世帯で購入総額は5億5千万円です。一方、借入額残高は4億6千万円ぐらいありますので、差し引きすると1億円弱ぐらいが純資産ということになりますね。家賃収入が年間5千万円弱。ただ、そこから管理費用や借入金の返済、税金などがかかりますので、毎年の手取り収入は2千万円前後ですね。でもこの余剰資金は主に不動産への再投資に向けています。生活費は労働収入の範囲内に抑えていますから不動産収入は現金資産として増えていきますし、新たな物件を購入する時の資金にもなります」

これから始めようと思う人へのアドバイス

最後に、これから不動産投資をやってみようという方へアドバイスはありますか？

「これは不動産投資に限らないと思いますが、一番大事なのは〝人と比較しないこと〟ですね。自分のやり方、自分の得意なパターンを持ち、自分の考え方で資産を増やすことを考えるべきです。性格もありますし、リスクに対する考え方もまちまちですからね。それと自分がコントロールできる方法でやることです。例えば、私はどんなに人から勧められても海外不動産には一切投資しません。なぜなら海外の不動産を自分でコントロールするのは非常に難しいからです。現地のエージェントの言いなり、丸投げになってしまう。自分の性格として、自分自身でコントロールできるものでないと嫌なんです」

株式投資の場合、未経験者が退職金などのまとまったお金で一度に株式や投資信託に投資することに私は反対ですが、不動産投資の場合はどうですか？

「私は定年退職した人が資産の一部を不動産で保有することは悪くないと思います。もちろんきちんと勉強することは必要ですが、不動産投資はとてもシンプルなものなので、株式投資のように財務諸表が読めないと投資できないということはありません。専門的な、難しい勉強をしなくても物件を選ぶことは可能です。借り入れしなくても現金で物件を買って、利回り10％程度を目指すのはそれほど難しいことではありません。むしろ現金を何もせずに預金口座に置いておく方が危険なのではないでしょうか？　色んな銀行や証券会社が投資を勧めにきますから（笑）」

インタビューを終えて帰る間際に東田さんはこうも言っていました。

「不動産で資産を作った人の例ということで私が紹介されるのは光栄なことですが、実際には私なんか足下にも及ばないぐらい、不動産で巨額の資産を作った人がたくさんいます。そんな凄い人たちの中で私なんかが紹介されるのは本当に恐れ多いんですけどね」

まさにこの感覚こそが「となりの億り人」には相応《ふさわ》しいのだなと感心して東田さんを見送ったのでした。

「早く天引きを始めたことが良かった」

会社員　白川初美さん（仮名）

億り人へのインタビュー、最後は女性で白川初美さん、55歳です。白川さんは今までの人たちと違って、あまり積極的に投資はしていません。では一体どうやって資産形成を果たしたのでしょうか？　色々とお話を伺っている内に、これならひょっとしてサラリーマンの多くの人が実行可能なのではないかと思われる知恵がたくさんありました。

〝稼いだら貯金する〟というのが新鮮でした

白川さんは兵庫県出身、高校卒業後に東京の大学に進学し、卒業後に再び地元に戻って就職したのは一部上場の製造業でした。当時は男女雇用機会均等法が施行されて数年経っていましたが、白川さんは当時で言う「一般職」で採用されました。

入社が平成元年と言いますから、時代はまさにバブル経済の真っ只中、就職は売り手市

場だったはずです。

「そうですね。今の若い人からすると怒られるかもしれませんが、就職自体は割と楽でしたね。私、こう見えても理系なんです。だから先輩がたくさん行っていた今の会社にお話を聞きに行って良さそうな雰囲気だったので就職したという感じでした」

「入社して最初にもらった給料はほとんど使ったと思います。初任給は手取りで15万円程でしたが、学生時代のバイトよりははるかに多い金額だったのにちょっと浮かれていましたね」

何がきっかけでお金を貯めるようになったのですか？

「友人で『家賃や食費を家に入れている』という子がいたので、なるほど、そうだなと思って親に言うと、『それは良いからその分を貯金しなさい』と言われたんです。そこで友人に聞くと毎月3万円を家に入れているということだったので、私も毎月3万円ずつ貯金を始めたんです」

最初は積立預金からですか？

「3万円の内訳は持株会に1万円と財形貯蓄に2万円積立を始めました。入社後の新入社員研修で会社の福利厚生制度でどんなものがあるかを教えてもらったんです。そして会社から奨励金がついて、給与天引きでできる貯蓄や投資の方法がこの2つだったので始めてみました」

でも毎月3万円だったら1億円には到底届きませんよね？

「そうですね。まあ会社の制度だったのでボーナスからは3倍でしたから年間で54万円、入社して2年経つと100万円を超えたのです。当時の自分にとって100万円というのはとても大金でした。それに学生時代のバイトって生活費をまかなうためのものでしたから、稼いだお金を貯金に回すという意識は全くなかったんですね。ところが天引きをやってみて、知らないうちに100万円という巨額のお金が貯まったというのはちょっとした成功体験でした。そもそもお金を貯めた経験がなかったので、会社に入って始めた天引き以外の方法は知らなかったんですよ。で、これは凄いと思って3年目から天引きを7万円と倍以上に増やしました」

結婚を機により方向性がはっきりした

それでも生活は大丈夫だったのですか？

「実家から通っていたので家賃と食費がかからなかったのは大きいですね。それに当時は世の中の景気も良かったので、毎年順調に給料は上がりましたからね。昇給した分は全部天引き貯蓄に回したんです。入社した平成元年から4年ぐらいまでの間は金利がどんどん上がっていって、財形貯蓄も年利6％ぐらいの金利が付いたこともありました。加えて会社が奨励金を1％付けてくれていたので、とても高金利だったんです。社員持株会も5％の奨励金でしたね。友人に聞くと今は10％ぐらいの奨励金を付けている会社が多いそうですが、当時は5％でも凄いなと思っていました。今から考えると本当に良い時代だったんですね。環境が良かったせいもあって、積み立てたお金がかなり複利で増えたことも事実です」

その頃に堅実にお金を天引きで貯蓄に回したことがプラスになったんですね？

「結果論ですが、そういうことですね。入社して6年経った28歳の時に結婚したのですが、会社を辞めることはせず、今日まで仕事は続けています。私の両親は現在80代ですが、当時としては珍しく夫婦共働きで、そんな両親を見てきましたから私も結婚しても会社を辞めるつもりはなく、ずっと共働きを続けようと考えていました」

結婚後は生活とか天引き額で変わったことがありましたか？

「よく一人で暮らすよりも二人で暮らす方が一人当たりの生活コストが下がるっていうじゃありませんか。家賃などを負担しても実際その通りでした。夫と私とが10万円ずつのお金を出して生活口座に入れ、20万円で生活していましたね。夫も私も質素な生活になれていたので、日常生活はそれで十分にやれました。天引きも全く減らすことなく続けましたが、ある時から金額も増やすようになりました」

それはどういうきっかけだったのですか？

「結婚していずれ家を持ちたいと思っていたので、『住宅財形』を新たに始めたのです。住宅財形だけで月に7万円ぐらい積み立て、その頃には年間で200万円ぐらいを積立に回していましたね。でも結局そのお金は住宅取得には使わずじまいでした」

ずっと賃貸で行こうと決められたのですか？

「いえ、そうではなく夫の両親が亡くなり、それまでに住んでいた古い家を相続したのです。そこでリフォーム程度の費用で家を手に入れることができたんです。だから私の場合、ラッキーだったのですが、人生における最大の支出と言われる住宅取得がなかったことはとても大きかったですね」

それにしても年間200万円を積立に回すというのはすごいですね。

「実際、それほどお金は使わなかったですからね。保険だって会社の団体保険以外には入ったことがありません。夫と私の生活観が合っていたというのもあるでしょうね」

自分の価値観を大切に

白川さんの生活観や消費についての考え方をお聞きしたいのですが、やはり節約はかなりされたのでしょうか？

「いえ、自分ではすごく節約したという感覚は全くありませんね。私はブランド物には全く興味ないし、夫は海外旅行があまり好きではありません。でもバイクとかは好きだし、国内旅行は二人とも好きでよく行きます。好きなことにはお金は使います。でも何となく買うとか衝動買いはほとんどしませんでした。節約主婦の人がよくやっている、スーパーのチラシで安い物を探すとかいうことも共働きで忙しいので全くやりません。でも大きなお金の支出はそれに意味があるかは割とドライに、そしてシビアに考える方ですね。子供もいない共働きなので、生命保険とかも夫婦二人とも全く入っていません」

白川さんのような考え方というか、ライフスタイルの方というのは珍しいような気がしますが、お知り合いやお友達の中におられますか？

「はい、お金に対する考え方が私と同じような友人は何人かいますよ。互いに自分の資産の公開はしていませんが（笑）。話しぶりからすると私と同じか私以上にお金は持っているように思えます」

「類は友を呼ぶということかもしれませんが、友達もやはりあまりブランド物とかは買いませんし、派手にお金も使いませんね。一時期、会社で庶務の仕事をしていたことがありますが、いつも高価で素敵な洋服を着て、しょっちゅう海外旅行に行っている人が実は頻繁に財形貯蓄を引き出しているという光景もよく目にしてきました。それはそれで別にかまわないと思いますが、私のライフスタイルにはちょっと合わないですね」

株式や投資信託への投資はやらないのですか？

「いえ、そんなことはありませんよ。実は30代の中頃に会社で確定拠出年金制度が始まりました。これは会社がお金を出すので自分では積立はしていませんが、それをどうやって運用するかは自分で決めなきゃいけないんです。そこで預金は他でたくさん持っているので、確定拠出年金は全部投資信託で運用してみることにしました。何というか、自分が出したお金ではなく会社が出してくれているという気持ちがあるので、割と大胆になれたのでしょうね。２００２年から始めて20年近くなりますが、会社が出してくれた掛金は運用の結果3倍近くになりましたね。今の残高は約１５００万円になっています。先日調べて見たら年利回りが11％ぐらいで運用できていました」

それはすごいですね！

「でも別に特別なことは何もやっていないんですよ。制度が始まった時の説明会で教えてもらった組み合わせの通りやって放ったらかしているだけです。それにこの制度は退職金を廃止して移行したものですから、これが言わば私の退職金になるんです。でも確定拠出年金制度を通じて少しは投資信託のことも勉強したので、今は他でも投資信託の積立はしています」

資産が1億円に到達したのはいつ頃ですか?

「10年ぐらい前ですから、45歳の頃ですね。現在は1億4千万円ぐらいになっています」

やはり確定拠出年金をきっかけにして投資信託とか株式への投資を始めたのが功を奏したのでしょうか?

「それはあるでしょうね。この10年ぐらいは株も好調でしたからね。でも私は1億4千万円の内の半分ぐらいは普通預金においてあるんですよ」

え! そうなんですか? それは何だかもったいないような気もしますが。

「確かにそうかもしれませんね。でも別にお金を増やそうとか儲けようというつもりはないし、これからも天引き積立は続けますから、それで良いかなと思っています。株式投資も、あくまでも自分の好きな会社の株を長期に持つということですから、売買して利ざやを稼ぐということは全く考えていませんし、そんな能力もありません。リーマンショックやコロナショックも経験して株が下がることも理解していますから。儲ける機会を失っているかもしれませんが、それはそれでかまわないと思っています」

お金は「後から貯められない」

お話を聞いていると特別難しいことをせずに天引き貯金をするだけでもある程度の資産をこしらえることができるように思えてきました。でも世の中にはなかなか貯金ができなくて困っているという人もたくさんいます。そういう人にはどんなアドバイスをしたいですか？

「そうですねえ、アドバイスというほど大げさなものじゃないですけど、結局お金って後から貯めるのは難しいんですよね」

後から貯める？

「そう、お給料をもらって使った後から残ったお金を貯めるというのはまずほとんどできません。だって、普通は残らないですから（笑）。だからこそ、天引きをしてしまって、残ったお金で生活する環境にしてしまうということですね。それと天引きを始めるタイミングは早ければ早いほど良いと思います」

それだけだとあまりにも簡単すぎるように思うのですが、でも実際に続けるのは大変な

ような気がします。他にも何かヒントはありませんか？

「結局一番大事なのは『お金の使い方』なんですよ」

お金の使い方、ですか？

「ええ、世の中にはたいして満足していないものに、お金を使っている人がいかに多いかということだと思うんです。さらに言うと、そういう無駄なお金を使わせる仕組みが世の中には一杯ありますね」

例えばどんな仕組みですか？

「うーん、例えばカードローンとか保険ですね。私、人間が無駄にお金を使ってしまう原因は『物欲』と『恐怖心』にあるんじゃないかと思うんですよ。世の中には物欲を刺激して買い物をさせようという広告が溢れていますよね。そこにつけ込んでお金を持っていない人にカードローンを利用させようとするし、誰もが持っている『健康や大切な人の死』に対する恐怖心をエサにして保険に入らせようとする。結果として無駄なお金を本当にいっぱい使ってしまうことになっている気がします」

なるほど、でもそれをしないようにするのは普通の人は難しいですよね？

「そうかもしれませんね。私は普通の人に比べてあまり物欲がないからかもしれません。でも好きなものにはお金を使いますよ。だから結局自分にとって何にお金を使うことを優先すべきなんだろうって考えることが大切なような気がします」

「好きなものにはお金を使う」、これはインタビューした億り人みなさんが言っていたことでした。結局資産をこしらえた人に共通することは自分の価値観を大切にし、何となくお金を使うということはしないということなのでしょうね。

白川さんはとてもおだやかで派手さはなく、言わばどこにでもいる普通の人という印象を受けます。実践されていることもごく当たり前のことですが、いざやるとなるとなかなかできないことかもしれないと思いました。普通の人だけど普通の人にはない強い意志を持った「となりの億り人」、まさにそのイメージにピッタリの白川さんでした。

第5章　「億り人」素朴な疑問Q&A

さて、本書を執筆するにあたって、いろんな人に話を聞きましたが、そんな中でたくさんの方からごく素朴な質問をいただきました。また、私自身がこれまでの10年間で全国において1千回以上の講演をやってきた中で、よくいただく質問も含めて億り人になるための考え方や行動についていただいた質問の中からいくつかを取り上げて回答したいと思います。

1　年齢や時期について

Q．来年50歳になります。今からでも〝億り人〟になれますか？

これは、あなたの現在の収入や持っている金融資産の額によりますから、一概には言えませんが、仮に金融資産がほとんど無いということであれば、難しいでしょうね。10年間で1億円貯めるには毎年1千万円、20年間でも毎年500万円を蓄える必要があります。20年かけて投資によって増やす場合、年率3％で運用しても毎月33万円ずつ積立投資、運用利回り5％でも毎月28万円は積み立てる必要があります。言うまでもなく、運用の結果は不確実ですから、必ずしもこの通りになるとは限りません。現時点で手取り収入が800万〜1千万円ぐらいあるのなら毎年500万円を貯めるのも不可能ではないでしょうが、そうするとあまりお金をかけない生活にならざるを得ません。若い内ならともかく、年をとってから生活を切り詰めるというのはあまり楽しいものではありません。

そもそも一体何のために〝億り人〟になりたいのかということを考えると、無理してそれに挑戦する必要はあまりないような気がします。50歳からの生活を考えると、公的年金や自分の勤めている会社の退職金の有無に加え、生涯にかかる費用を一度整理してみた上で、必要と思われる金額を目標として貯めるのが現実的だと思います。

Q．今30歳で、10年以内にFIREが目標です。どうお考えですか？

FIREは最近ブームになっていますが、そもそも何のためにFIREを目指すのでしょうか？ 前述したように、私はFIREで大事なのはFI（Financial Independence＝経済的自立）であって、RE（Retire Early）ではないと考えています。今FIREに憧れる人の多くは、「今の仕事がつまらないし、あんな上司の下で働くのは嫌だから、いっぱい稼いで〝億り人〟になり、早く会社を辞めたい」という考えなのではないかと思うのです。つまりＲＥが主体になっているということですね。

私はＦＩＲＥを実現した人たちに何人もお話を聞きましたが、誰ひとりとして早期退職を目的にした人はいませんでした。経済的に自立するということは、その後の人生の選択肢を拡げるということです。今の仕事を仮に辞めたとしても十分生活していけるだけの資産を作っておくことで、その後の人生設計を自由にできるということなのです。

実際に、ある人は40歳で〝億り人〟になりましたが、会社を辞めたのは、50歳を過ぎてからです。会社での仕事には何も不満はなかったものの、親の介護や家族と過ごす時間をたくさん作りたいということで辞めたからです。もしそういう状況でなかったら、恐らく定年まで勤めていただろうということでした。

ですから、経済的自立を目指すのであれば、それはとても良いことなので、すぐに始めた方が良いと思いますが、今の仕事が嫌だということなら、好きになるまで頑張るか、あるいは転職をした方が良いと思います。資産形成とそれは別に考えるべきです。

Q．今は株も不動産もかなり高くなっているように思いますが、こんな時期に資産形成を始めてもいいのでしょうか？

資産形成を始める＝〝億り人〟を目指すのに良い時期というのはありません。時期を気にするというのは短期的な値動きを追いかけて利ざやを稼ごうという気持ちがあるからだと思います。株式の場合は短期的な値動きを的確に読むことなど誰もできません。時間をかけて長期に保有するなり、積み立てるなりすることで資産は出来上がっていくのです。もし積立投資をするのであれば、むしろ高い時に始める方が効果は得やすいと言っていいでしょう。なぜなら積立を始めた後に下がり続ける、ということは続けるほど平均保有コストは下がります。株というものは永遠に上がり続けることも下がり続けることもありませんから、下がったものはいつかは上がります。したがって安い平均コストで買ったものは次の上昇局面で大きな利益を得ることができるからです。

不動産投資も短期的な値ざや稼ぎをするのではなく、高い利回りを目指して賃貸経営をするということです。したがって、景気の動向によって影響はありますが、少なくとも20年とか30年というスパンで考えるのなら、それほど時期を気にする必要はないでしょう。

2　支出に関して

Q．住宅は購入か賃貸、どちらが「億り人」になるのに有利ですか？　また、購入したとすると、住宅ローンは繰り上げ返済した方が良いですか？

キャッシュフローということで考えればどちらも大差はありません。収入の中から「家賃」を払うか、「ローン」を返済するかの違いだけで、いずれの場合もそれらを払った上で資産形成に回すことになるからです。もちろん家を購入すると物件が手元に残りますから一見有利なように見えますが、これは何とも言えません。なぜなら将来、住宅価格がどうなるかは今の時点ではわからないからです。今でも空き家が８００万戸以上あると言われていますから将来はもっと安い価格で買えるかもしれないし、逆にインフレになれば価格が上昇するかもしれません。大事なことは、自分が何に価値を置くかということです。生涯住める家を持つという安心感を優先するか、自由に転居できる便利さを選ぶか、どちらが自分の価値観において快適かということで選べば良いでしょう。億り人になるにはどちらの方が有利ということはありません。

また繰り上げ返済については、今のような超低金利であれば、無理に返済する必要はありませんが、定年後も返済が続くような計画であるとすれば、返済を見直して定年時点で完済できるようにした方が良いでしょう。大幅に収入が減少する定年後はなるべく借金を残さない方がいいからです。ただ、それが無理なのであれば、返済プランはそのままでも良いですが、その他の支出は見直し、できるだけキャッシュを持つようにした方が良いと思います。

Q. 若手社員ですが、奨学金は繰り上げ返済した方がいいでしょうか？

貸与型の奨学金の場合、第一種と第二種がありますが、恐らくご質問は金利がかかる第二種の場合だと想定します。その場合、返済は貸与された奨学金の元金と返済後の残額に応じた利息を合計して、返済額があらかじめ一定に設定された定額返還方式ですから、繰り上げ返済をすれば、将来払う利息が少なくなるため、できるなら繰り上げ返済をした方が良いと思います。ただ、何が何でも早く返済すべしとも限りません。現時点での金利は利率固定方式で0・2%台ですので、生活や貯蓄をしていく上で無理のない範囲内でやった方が良いでしょう。

Q. つい色んなものを買ってしまったりすることが多いので、この性格を改めないと億り人にはほど遠いのでしょうか?

その通りですが、「性格を改める」というのはなかなか容易ではありませんね。一番良い方法はしっかりと「天引き貯蓄」を実行することです。貯める分をあらかじめ引いておけば、残ったお金はどう使っても良いからです。

それに、これは多くの〝億り人〟に共通することですが、自分にとっての優先順位、特に何にお金を使うかの優先順位を決めることが大切だと思います。特に何でもかんでも節約する必要はなく、〝何となく消費〟をなくし、自分にとって価値のあるものにはお金を使うということで良いのではないでしょうか。

3　運用方法や金融商品に関して

Q．メリットの多い、iDeCoやNISAですが、逆にこれらをやらないでいい人とはどんな人でしょうか？

基本的にはやらないでいい人など誰もいません。利用できるのであれば誰もがやった方が良いと思います。よく、「iDeCoは60歳まで引き出せないのがデメリットだ」という人がいますが、これは大きな間違いです。60歳まで何があっても引き出せないから老後資金が貯まるわけで、実はこれがiDeCoの最大のメリットなのです。いつでも引き出せるのなら、お金はなかなか貯まりません。

ただし、株式で短期売買を指向している人はNISAを使わない方が良いでしょうね。せっかく5年とか20年（つみたて）とか長期で非課税枠が使えるのに、短期で売ってしまったらその分の利用枠が無駄になってしまうからです。それにNISAという制度はそもそも売買益自体が存在しないという考え方で運用益非課税になっているわけですから、損失が発生した場合の損益通算もできません。短期売買では往々にして損失も発生するので、そういうやり方で運用するのであればＮＩＳＡは使わない方が良いです。あくまでも長期に資産形成をすることで〝億り人〟を目指すための方法のひとつです。

Q. 株主優待目当ての投資は良くないでしょうか？

投資の基本は、あくまでも「投資先の企業（物件）が生み出す付加価値」を享受することです。株主優待というのは、単なるおまけに過ぎません。株主へのサービスとして優待を企業が付与するのは別に悪いことではないでしょうが（悪いことだという意見も根強くあります）、少なくともそれを目的に投資するのはあまり意味がないでしょう。

優待だけで生活しているという有名人がいて、人気がありますが、彼は別に株主優待で億り人になったわけではなく、もともと長期保有で買い増ししていった株が気が付けば何億円にもなっていただけです。普通の個人投資家が少しぐらい株を買ったからと言って優待生活ができると考えるのは間違いです。

Q.「金《きん》」を保有することはどうでしょうか？

前問でもお答えしたように投資することの意味は「投資先の企業（物件）が生み出す付加価値」を得られることにあります。しかしながら金や美術品などはそれ自体が新たな付加価値を生み出すものではありません。価格が変動する要因は希少性や嗜好性による需給でしかありません。もちろん株式にしても不動産にしても需給要因は重要ですが、それはあくまでも短期的な値動きを追いかける場合の話です。投資として資産を増やそうとすると、やはり長期的に成長する株式等を保有し続けるのが一番良い成果となります。

したがって、お金を増やすための手段として金を持ち続けるというのはあまり合理的だとは言えません。既に相当な資産家になっている人が自分のお金を守るための分散手段のひとつとして金を保有するのは考えても良いと思いますが、金への投資だけではなかなか億り人にはなれないでしょう。

Q.ＦＸを使った外為投資や仮想通貨等の暗号資産は有効でしょうか？

外為投資というのは、突き詰めて考えると単なる通貨の両替に過ぎず、その両替の交換比率の動きに賭けるという投機行為です。仮想通貨に至っては本来、単なる決済手段であるにもかかわらず、いろんな思惑や需給関係でそれ自体の価格が大きく変動する、こちらも投機、いやむしろ賭博と考えた方が良いでしょう。

ルーレットやパチンコで億り人になれると思っている人はまさかいないと思いますが、仮想通貨も同様に資産形成には全く不向きと考えていいでしょう。もちろん中には賭博の才能を持ち、神懸かり的に的中するという人も何万人か何十万人に一人ぐらいはいるでしょうが、これについては全く再現性がありませんので、自分がそうであるとは考えない方が良いと思います。

ただ、賭博は楽しいし、面白い娯楽です。もし仮想通貨にお金を投じるのであれば、そういう感覚でやってみる以上のことは考えない方が良いでしょう。99・99%の人にとってはそういったもので億り人になることは不可能と考えるべきです。

Q. 不動産まではちょっと手が出ないのですがREITではだめでしょうか？　あるいは最近はあまり聞かないのですが債券投資はどうでしょう？

ＲＥＩＴは投資信託ですし、他のカテゴリーの投資対象との相関関係も必ずしも同一ではないので、分散投資のひとつとして保有しておくのは意味があると思います。株式と投資信託の関係と同じですが、直接不動産投資をするのとＲＥＩＴに投資をするのとでは、ＲＥＩＴの方が安定性はあると思いますが、運用コストはかかりますので、それほど大きな成果が期待できるわけではないでしょう。これひとつに絞るということではなく、いくつかのカテゴリーに分散投資するひとつと考えれば悪くないと思います。

次に債券ですが、現状ではあまり妙味はないと思います。従来は株式と債券では値動きが逆の場合がありましたが、昨今は必ずしもそうではないので、株式と分散して保有している意味はあまりありません。それに今のような超低金利の時期に債券を購入すると金利が上昇期に入った場合はかなり大幅な値下がりをすることになります。もちろん満期まで持てば良いのですが、今のような超低金利で長期に保有するのではなく、将来金利が上昇し、債券にも一定の金利が見込めるようになってから投資をすれば良いのではないかと思います。

Q. インド、ベトナム……お勧めの新興国はありますか？

これは全くわかりません。というよりもこういう質問は全く意味がないと思います。もし新興国に投資をしてみようということであれば、それらの国々をパッケージにした投資信託の購入が良いでしょう。個別の国の今後の経済動向は全く予測がつきませんし、ましてや個別企業はほとんど情報を得る機会がないので、積極的に投資するのは慎重に考えた方がいいでしょう。

4　行動や習慣に関して

Q．お金持ちの習慣や印象的なエピソードがあれば教えてください。

これは本書の第2章でほとんど書いていますので、ここでは補足にとどめます。色々なマネー雑誌の〝億り人〟特集みたいな記事の中には例えば「早起きする」とか「冷蔵庫がきれい」といった特徴があるなど、象徴的に語られているものもありますが、それらは因果関係が逆なのです。早起きすれば金持ちになれるとか冷蔵庫をきれいにしていれば億り人になれるというのは全く違います。彼らは時間の重要性を良く知っているので無駄に時間を使いたくない、だから効率の悪い夜に遅くまで仕事はせずにさっさと寝て、朝早い時間でエネルギーが溢れている時に仕事をすることの大切さを実感している、その結果早起きになるだけです。冷蔵庫をきれいにしているのも、気付かない無駄な支出をしたくないため、何があって何が不足しているかが常に一目でわかるように冷蔵庫をきれいに整理しているということです。

一事が万事、そういうことで、彼らの行動には全て理由があります。考えて、考え抜いた上で、どうするのが一番合理的かという判断をしているのです。したがって大事なことは彼らの表面的な行動を真似ることではなく、自分にとって何が一番合理的なのかをとことん考え、それにもとづいて行動するということだと思います。

Q. お金持ちが「ケチること」と「ケチらないこと」ってどんなものなのでしょう?

この質問への答えはすでにお話ししましたが、一番大切なことは自分にとっての優先順位を決めることです。例えば仕事の例でお話ししましょう。出張する時にグリーン車に乗るか乗らないかという話です。サラリーマン社長ならまず例外なくグリーン車に乗るでしょう。それは彼の地位の象徴だからです。ところがオーナー社長の場合、必ずしもそうではない人もいます。かつてダイエーグループを率いていた創業者の中内㓛氏は移動にあたって、グリーン車には乗らなかったそうです。社長なのになぜグリーン車に乗らないのですか? と聞くと「で、それに乗ったらなんぼか早う着くんですか?」と返されたと言います。彼にとって一番大事なことは時間で、それを有効に使えるために早く着くのであればお金は出すが、そうでなければそれは無駄金だ、という考え方です。

一方、これは私の知り合いの中堅企業の社長ですが、彼は全ての出張でグリーン車やプレミアムクラスを利用します。ところが面白いことに彼の会社の規定では普通席の運賃しか支給されないらしいので、グリーン車にかかる料金は全て個人で負担しているのだそうです。なぜ自腹を切ってまでグリーン車に乗るのかというと、移動の車中や機中だけが彼にとっては心と体を休められるところなので、いくら自腹で負担してもそれは非常に価値のあることだと言います。

そしてこれは仕事だけではありません。億り人へのインタビューを収録した第4章を読んでいただいてもおわかりのように、億り人の多くは①自分にとって意味のないことには1円たりともお金は出さない、②自分にとって大切なことは贅沢と言われようとも躊躇《ちゅうちょ》することなく使う、ということに徹しています。何にケチって何にケチらないかはこのように人によって違いますので一概には言えません。他人のそれを真似しても意味はありません。自分自身の価値観をしっかりと持っているかどうかが億り人になれるかどうかの分かれ目のような気がします。

5　その他の質問

Q. 若手社員ですが、お金や投資に関するおすすめの本を教えてください。

世の中に出ているいわゆる「マネー本」や「投資本」の類いはその9割以上がほとんど役に立たないと考えて良いでしょう。なぜ役に立たないかと言うと、書いている人の多くは評論家やファイナンシャルプランナーといった人たちで、理屈はわかっていても自分で実践していない人が多いからです。

さらに言えば、金儲けのノウハウを教えている本もほとんど役に立たないでしょう。なぜなら投資で成功するためのやり方は人それぞれなので、たまたまその人にとってうまく行ったとしても他の人にもそれができるかどうかは何とも言えないからです。大事なことは原理原則と基本観を学ぶことです。そんな中で、これは読んでおいた方が良い、と思う本を5冊紹介します。

① 『私の財産告白』　本多静六・著

これは全ての人にとって読む価値のある資産形成に関する不朽の名著だと思います。まずは何よりもこの本を読むべきでしょう。

②**『ビジネスエリートになるための教養としての投資』 奥野一成・著**

投資の本質について今までになかった気付きを与えてくれる本です。投資をする上でこれだけは知っておくべきことが満載です。

③**『投資家が「お金」よりも大切にしていること』 藤野英人・著**

投資ということに対する考え方が大きく変わる本です。この本質を知った上で資産形成を始めるかどうかで将来大きな差がつくと思います。

④**『こんなときどうする？ どうなる？ Q&A3つのNISA徹底活用術』 竹川美奈子・著**

⑤**『図解 知識ゼロからはじめる・iDeCoの入門書』 大江加代・著**

この2冊は前3冊とは異なり、具体的に制度を活用した資産形成を基本から非常にわかりやすく書いた本です。どちらの著者もその分野では第一人者ですので、NISAとiDeCoに関してはこれだけ読んでおけば他の本を読む必要はないでしょう。

Q．情報収集に役立つサイトはどんなものがありますか？

ここでいう情報収集が「何か儲かる情報は？」ということを知りたいのであればそんなものはありません。仮にあったとしてもそれは競馬の予想屋と同じでほとんど役に立たないと考えた方が良いでしょう。

投資で一番大事なことは自分の頭で考えることです。したがって網羅的にニュースを把握できるものが良いでしょう。具体的に言えば「日経電子版」「ウォールストリートジャーナル」そして「ブルームバーグニュース」などです。後者の2つは理想を言えば原語で読むことをお勧めしますが、日本語版でも出ているのでそれでもかまいません。日本のマスメディアだけですとどうしても偏ってしまいますので、これらを併せて読むことをお勧めします。もちろん有料版でないとだめです。

Q．もうすぐ1億円に達しそうです。実現した後に気をつけるべきことは？

おめでとうございます。でも1億円を達成してもしなくても、やるべきことは全く変わりません。それまでと変わらない普通の生活を続けるだけです。1億円という数字自体には何の意味もありません。そのつもりになれば1億円から2億円になるのはあっという間でしょうし、逆に1億円をなくしてしまうのもあっという間です。金額を目標にしないということが何よりも大切なことです。

おわりに

〝億り人〟という言葉は映画のタイトルをもじって生まれただけに少々シャレっ気のある言葉です。しかしながら逆に言うと、その響きのどこかに羨望と軽い嫉妬の気持ちが込められているので、資産形成で成功した人に対して、正面からではなく、やや斜めから見ているという感が否めないのも事実です。昔の川柳に「隣の家に蔵が建ちゃわしゃ腹が立つ」というのがありますが、日本では昔から金持ちや資産家に対して妬みの気持ちやルサンチマンの感情を持っている人は多いのではないでしょうか。だからこそ、逆に深層心理では「自分もそうなりたい」「そうなれる方法があるはずだ」という気持ちが強く、「秒速で1億円稼ぐ!」とか「50万円があっという間に1億円になる株のワザ」みたいな本がたくさん出回っているのだろうと思います。

本書を読んだ方はおわかりだと思いますが、私が今まで見てきた、あるいは実際に取材をした「億り人」というのは本当にどこにでもいる普通の人です。ＹｏｕＴｕｂｅで見かけるようなクセの強い人はあまりいませんし、〝あっという間に1億円を稼いだ〟などという人もいません。もちろんそういう人も世の中にはいるでしょうが、恐らくそういう人の多くは〝あっという間に1億円を失ってしまう〟可能性も高いと思います。

結局のところ、資産形成に近道はなく、その人に合ったやり方で支出を適正化し、地道に貯蓄や投資を続けていくことでいつのまにか億り人になっていたということなのです。最初から1億円を目指していたというのではなく、気が付けば1億円になっていた。そしてほとんどの人は、1億円はゴールではなく単なる通過点に過ぎず、その後も着実に資産は増えています。それは「自分にとって合理的なポリシーを持っている」「そしてそれをずっと続けている」からなのです。これは誰でも理解できるし、やれることではありますが、誰もがなかなかできないことでもあります。

第1章で紹介した米国の名著『となりの億万長者』にも「自分を律する強い精神力を持つこと、これが何よりも重要なのだ」とあります。だとすればお金持ちになるために必要なことは「金儲けのノウハウを得ること」ではなく、自分自身の生活スタイルや思考を変えることなのです。

人生の目的は「お金持ち」になることではなく「幸せ持ち」になることです。お金は幸せを実現するためには必要なものですが、それだけを目的にしてしまうと、どこまで行っても満足できないという不幸なことになってしまいます。あなたの近くにいる、一見目立たない、地味な「となりの億り人」は、きっとそれをよくわかっているはずです。本書を通じてそのことを実感していただければ、これに勝る喜びはありません。

最後に本書の執筆にあたって、編集者として多大なご尽力をいただいた朝日新聞出版の大崎俊明さんにこの場をお借りして御礼を申し上げます。

参考図書・文献

『ビジネスエリートになるための教養としての投資』奥野一成
『となりの億万長者』トマス・J・スタンリー&ウィリアム・D・ダンコ
『本気で家計を変えたいあなたへ』前野彩
『幸せとお金の経済学』ロバート・H・フランク
『その後のとなりの億万長者』トーマス・J・スタンリー、サラ・スタンリー・ファラー
『日本の幸福度』大竹文雄、白石小百合、筒井義郎
『High income improves evaluation of life but not emotional well-being』
Daniel Kahneman and Angus Deaton　https://www.pnas.org/content/107/38/16489
『私の財産告白』本多静六
『格差は心を壊す 比較という呪縛』リチャード・ウィルキンソン&ケイト・ピケット
『寄付白書2017』日本ファンドレイジング協会
『「幸せをお金で買う」5つの授業』エリザベス・ダン&マイケル・ノートン
『アメリカにおける寄付や寄付年金の現状』
ニッセイ基礎研究所　生活研究部 主任研究員 金 明中
https://www.nli-research.co.jp/files/topics/42298_ext_18_0.pdf?site=nli
『幸福の「資本」論』橘玲
『本気でFIREをめざす人のための資産形成入門』穂高唯希
『ウォール街のランダム・ウォーカー』バートン・マルキール
『真のバリュー投資のための企業価値分析』柳下裕紀
『敗者のゲーム』チャールズ・エリス